초등 국어 어휘력이 독해력이다

6단계 A

어휘로 시작하여 독해의 기본기를 다지는
초등 공부력 향상 프로그램

★ 독해 전, 어휘 먼저 학습!

〈초등 국어 어휘력이 독해력이다 6단계 A〉는 '어휘 → 짧은 글 → 긴 글'로 이어지는 3단계 학습법을 통해 어휘력과 독해력을 체계적으로 기를 수 있도록 구성했습니다. 긴 글과 연계된 주제로 짧은 글을 구성하고, 학습 어휘를 단계마다 반복 제시하여 유기적으로 학습할 수 있습니다.

1단계 〈독해 준비〉 **어휘로 만나기**	→	2단계 〈독해 맛보기〉 **짧은 글로 만나기**	→	3단계 〈독해〉 **긴 글로 만나기**
〈독해〉 지문 속 어휘 익히기		〈독해〉에 도움이 되는 지문 맛보기		〈독해〉하기

★ 교과 연계 · 교과 융합 학습!

〈초등 국어 어휘력이 독해력이다 6단계 A〉는 6학년 1학기 국어, 사회, 과학, 수학 등 9개 교과목에 따라 각 단원을 구성했습니다. 학습 어휘를 교과서에서 자주 사용되는 어휘로 선별하고, 교과 내용과 밀접하게 연계된 주제로 지문을 구성했습니다. 또 각 단원마다 교과 융합 지문을 두세 편씩 수록했습니다. 교과를 융합한 독해 지문과 문제를 통해 통합 사고력 및 독해력을 키울 수 있습니다.

교과목에 따른 단원 구성	국어	사회 · 도덕	과학 · 수학	예체능 · 실과
단원별 교과 융합 주제	03회 국어+사회 04회 국어+미술 05회 국어+과학	06회 사회+국어 09회 사회+국어 10회 도덕+사회	11회 과학+사회 15회 수학+사회	17회 미술+과학 19회 실과+사회

교과 융합 차례와 각 단원의 도입부에 교과 융합 주제가 표시되어 있어요.

• 일러두기　본문에 나오는 어휘의 뜻과 예문은 국립국어원 〈표준국어대사전〉, 〈한국어기초사전〉을 참고했습니다.

단계적으로 독해력을 키우는
중학 대비 초고속 실력 향상 프로그램

★ 단계별로 배우는 나선형 학습!

〈초등 국어 어휘력이 독해력이다 6단계 A〉는 어휘 학습과 독해 훈련을 단계적으로 할 수 있도록 구성했습니다. 1단계에서 3단계로 갈수록 학습의 범위가 확장되고, 내용이 심화됩니다.

	어휘		독해
1단계	〈개념〉	**어휘의 뜻**을 확인하고, 뜻을 이해하는 데 도움이 되는 한자의 훈과 음을 익혀요.	〈문장〉 어휘의 뜻과 쓰임을 **문장** 속에서 짐작해요.
2단계	〈활용〉	유의어, 반의어, 다의어 등 여러 유형의 문제를 통해 **어휘의 관계**를 공부해요.	〈문단〉 두 문단의 **짧은 글**을 읽고 내용을 이해해요.
3단계	〈확장〉	문단과 지문 속에서 **어휘의 쓰임**을 파악하며 어휘를 반복 학습해요.	〈지문〉 다양한 갈래의 **긴 글**을 독해 원리에 따라 읽으며 독해력을 키워요.

★ 초등 고학년에 최적화된 학습!

〈초등 국어 어휘력이 독해력이다 6단계 A〉를 통해 내신과 서술형 평가, 그리고 중학 과정을 한꺼번에 대비할 수 있습니다.

내신 대비		서술형 평가 대비		중학 대비
6학년 1학기에 배우는 국어, 사회, 과학, 수학 등 **총 9개 교과목**의 주요 내용을 교재 한 권에 담았습니다.	✚	**지문 이해력**과 **문장력**을 동시에 평가할 수 있는 서술형 문제를 수록했습니다.	✚	중학 교과서에 나오는 「운수 좋은 날」, 「허생전」 등의 **문학** 지문과 교과 내용과 연계된 **비문학** 지문을 수록했습니다.

구성 　'어휘 ⋯ 짧은 글 ⋯ 긴 글'의 3단계 학습

1단계 | 어휘로 만나기

예문으로 배우는 학습 어휘
- 교과서에 자주 나오는 핵심 어휘 선별
- 문맥에 맞는 어휘를 유추하는 훈련

유형별 어휘 학습
- 한자어의 훈과 음을 어휘의 뜻과 연결하여
  이해하는 문제 수록
- 유의어, 반의어, 다의어 등 어휘의 관계를
  이해하고 활용하는 문제 수록

2단계 | 짧은 글로 만나기

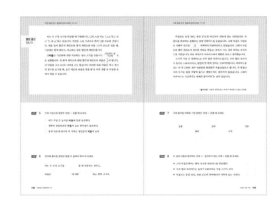

짧은 글로 독해 준비
- 교과서에 나오는 내용, 긴 글의 주제와 연계된
  내용으로 구성
- 내용을 정확히 이해했는지 확인하는 문제 수록

단계적 어휘 학습
- 짧은 글 속에서 학습 어휘의 쓰임을 확인하며
  '문장(1단계) → 문단(2단계) → 지문(3단계)'의
  단계적인 어휘 학습으로 연결

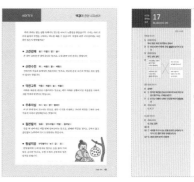

독해의 KEY, 독해 원리

- 독해할 때 도움이 되는 '독해 원리' 제시
- 독해 원리를 적용해 낯선 지문도 정확하고 효율적으로 독해할 수 있도록 연습

내신 + 중학 대비, 독해 지문

- 6학년 1학기 교과 내용과 연계된 주제로 구성
- 중학 교과와 연계된 문학 작품 수록
- 설명문, 논설문, 전기문 등 다양한 갈래의 글 수록

서술형 + 유형별 독해 문제

- 구조, 주제, 이해, 추론 등 다양한 유형의 문제로 구성
- 2단계보다 심화된 문제로 구성해 난이도를 단계적으로 확장
- 점점 비중이 높아지고 중요해지는 서술형 문제 수록

✱ 확인 학습

- 어휘 복습하기 : 단원별 학습 어휘를 다양한 문제 유형으로 복습
- 실력 더하기 : 중학 연계 문제와 자주 헷갈리는 맞춤법 문제 수록

✱ 쉬어가기

- 해당 단원과 연계된 속담, 사자성어, 관용어 수록

✱ 정답과 해설

- 정답 및 어휘·오답 풀이, 배경지식 넓히기, 더 알아보기로 구성

차례

국어

사회·도덕

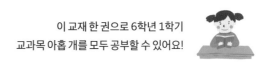

이 교재 한 권으로 6학년 1학기
교과목 아홉 개를 모두 공부할 수 있어요!

과학·수학

예체능·실과

국어

01 운수 좋은 날
소설

정답과 해설 2쪽

어휘로 만나기

1 빈칸에 들어갈 알맞은 어휘를 골라 써 보세요.

(액수)　(염려)　(달음질)　(관대하다)　(과하다)

- 형은 씀씀이가 [해서] 매달 용돈이 부족하다.

  (뜻) 정도가 지나치다.

- 나는 멀어지는 자전거를 따라잡으려 열심히 [　　　]을 쳤다.

  (뜻) 급히 뛰어 달려감.

- 나는 배가 부르면 오빠의 장난에 [해지는] 편이다.

  (뜻) 마음이 너그럽고 크다.

- 체육관을 고치는 데에는 많은 [　　　]의 돈이 필요하다.

  (뜻) 돈의 값을 나타내는 수.

- 부모님께서 [　　　]를 하실까 봐 고민을 말씀드리지 못했다.

  (뜻) 앞으로 생길 일에 대해 불안해하고 걱정함.

＊**액수** 수량 額 셈 數　＊**염려** 생각 念 생각할 慮　＊**관대** 너그러울 寬 큰 大　＊**과하다** 지나칠 過

주어진 한자가 쓰인 어휘를 <보기>에서 찾아 빈칸에 써 보세요.

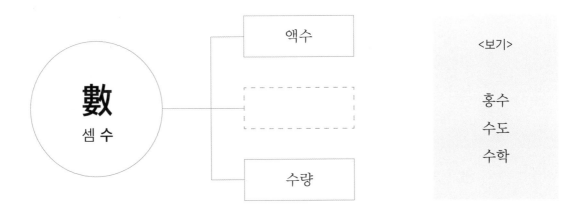

두 어휘의 뜻이 서로 비슷하면 =, 반대이면 ↔ 표를 해 보세요.

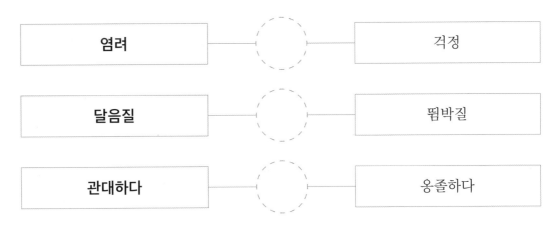

밑줄 친 어휘에 알맞은 뜻을 찾아 선으로 이어 보세요.

**짧은 글로
만나기**

이야기의 구조에는 발단, 전개, 절정, 결말이 있습니다. 발단은 이야기의 배경이 나오고 사건이 시작되는 부분입니다. 전개에서는 사건이 본격적으로 진행되고 갈등이 발생합니다. 절정은 갈등이 점점 심해지고 긴장감이 가장 높은 부분입니다. 결말은 갈등이 해결되며 사건이 마무리되는 부분입니다.

「토끼전」을 예로 들면, 발단에서 토끼의 간을 먹어야 살 수 있다는 용왕이 등장합니다. 그리고 전개에서 육지로 올라온 거북이가 토끼에게 용궁으로 가자고 설득합니다. 절정에서는 죽을 고비에 놓인 토끼가 육지에 간을 놓고 왔다고 용왕에게 거짓말을 합니다. 마지막 결말에서는 육지에 도착한 토끼가 거북이에게서 **달음질쳐** 도망가며 이야기가 끝이 납니다.

이해 **5** 빈칸에 들어갈 알맞은 말을 이 글에서 찾아 써 보세요.

■ 이야기의 구조에는 발단, ⬚ ⬚ , 절정, ⬚ ⬚ 이 있다.

■ 「토끼전」에서 토끼가 용왕에게 거짓말하는 부분은 ⬚ ⬚ 에 해당한다.

이해 **6** 이 글의 내용과 일치하는 것에 ∨ 표를 해 보세요.

☐ 발단은 사건이 진행되고 갈등이 발생하는 부분이다.

☐ 전개는 갈등이 해결되고 사건이 마무리되는 부분이다.

☐ 절정은 갈등이 커지면서 긴장감이 가장 높은 부분이다.

「운수 좋은 날」은 일제 강점기를 배경으로 가난한 인력거꾼* 김 첨지*에게 하루 동안 일어난 일을 그린 소설입니다.

김 첨지는 일을 나가지 말라고 말리는 아픈 아내를 뒤로하고 집을 나섭니다. 오늘따라 김 첨지에게는 손님이 끊이지 않고 돈도 많이 버는 행운이 따릅니다. 운수가 좋은 날이지만 이상하게도 김 첨지는 자꾸만 불안하고 ㉠**염려**스럽습니다. 그는 집으로 가는 길에 친구 치삼이를 만나 술을 마시고, 아내에게 줄 설렁탕 한 그릇을 사서 집으로 갑니다. 집으로 돌아온 김 첨지가 누워 있는 아내를 깨우지만, 아내는 이미 죽어 있었습니다. 그는 "괴상하게도 오늘은 운수가 좋더니만……."이라고 말합니다.

* **인력거꾼** : 바퀴가 두 개 달린 수레로 사람을 태우는 일을 직업으로 하는 사람.
* **첨지** : 나이가 많은 남자를 낮잡아 이르는 말.

어휘 **7** ㉠과 비슷한 의미를 가진 어휘가 들어간 문장이 <u>아닌</u> 것에 ∨ 표를 해 보세요.

☐ 그는 진로에 대한 **근심**으로 잠을 못 이뤘다.

☐ 나는 농구 시합을 앞두고 불안해서 **안심**이 되지 않았다.

☐ 졸업 후 우연히 마주친 친구의 얼굴에 **수심**이 가득했다.

이해 **8** 이 글의 내용과 일치하는 것에 ○, 일치하지 않는 것에 × 표를 해 보세요.

■ 김 첨지의 친구인 치삼이는 아픈 아내를 위해 설렁탕을 샀다. (   )

■ 김 첨지의 아내는 김 첨지에게 운수 좋은 날이 될 거라고 말했다. (   )

■ 김 첨지는 평소와 다르게 돈을 많이 벌었지만 불안한 마음이 들었다. (   )

독/해/원/리 **이야기의 구조를 생각하며 읽기**

이야기의 구조는 발단, 전개, 절정, 결말로 이루어져 있어요. 이야기의 구조에 따라 각 부분에서 일어나는 중요한 사건이 무엇인지 생각하며 글을 읽어 보세요.

다음 글을 자세히 읽고, 질문에 답해 보세요. [9~12]　　　⏱ 읽은 시간 : _____ 분

운수 좋은 날

소설 / 현진건

긴 글로 만나기

"일 원 오십 전만 줍시요."

이 말이 저도 모를 사이에 불쑥 김 첨지의 입에서 떨어졌다. 제 입으로 부르고도 스스로 그 엄청난 돈 **액수**에 놀랐다. 한꺼번에 이런 금액을 불러라도 본 지가 그 얼마 만인가! 그러자 그 돈 벌 용기가 병자에 대한 **염려**를 사르고* 말았다. 설마 오늘 내로 어떠하랴 싶었다. 무슨 일이 있더라도 제일 제이의 행운을 곱친 것보다도 오히려 갑절이 많은 이 행운을 놓칠 수 없다 하였다.

"일 원 오십 전은 너무 **과한데**."

이런 말을 하며 학생은 고개를 기웃하였다.

"아니올시다. 잇수*로 치면 여기서 거기가 시오 리*가 넘는답니다. 또 이런 진날*은 좀 더 주셔야지요."

하고 빙글빙글 웃는 차부의 얼굴에는 숨길 수 없는 기쁨이 넘쳐흘렀다.

"그러면 달라는 대로 줄 터이니 빨리 가요."

관대한 어린 손님은 이 말을 남기고 총총히 옷도 입고 짐도 챙기러 갈 데로 갔다.

그 학생을 태우고 나선 김 첨지의 다리는 이상하게 가뿐하였다. **달음질**한다기보다 거의 나는 듯하였다. 바퀴도 어떻게 속히 도는지 구른다기보다 마치 얼음을 지쳐 나가는 스케이트 모양으로 미끄러져 가는 듯하였다. 언 땅에 비가 내려 미끄럽기도 하였지만.

이윽고 끄는 이의 다리는 무거워졌다. 자기 집 가까이 다다른 까닭이다. 새삼스러운 염려가 그의 가슴을 눌렀다. "오늘은 나가지 말아요, 내가 이렇게 아픈데" 이런 말이 잉잉 그의 귀에 울렸다.　　　　　　　　　　　　<중략>

"이 눈깔! 이 눈깔! 왜 나를 바라보지 못하고 천장만 보느냐, 응."

하는 말끝엔 목이 멨다. 그러자 산 사람의 눈에서 떨어진 닭의 똥 같은 눈물이 죽은 이의 뻣뻣한 얼굴을 어룽어룽 적시었다. 문득 김 첨지는 미친 듯이 제 얼굴을 죽은 이의 얼굴에 한데 비비대며 중얼거렸다.

"㉠설렁탕을 사다 놓았는데 왜 먹지를 못하니, 왜 먹지를 못하니…… 괴상하게도 오늘은 운수가 좋더니만……."

---

* **사르다** : 어떤 것을 남김없이 없애 버리다.　 * **잇수** : 거리를 리(里) 단위로 나타낸 수.
* **시오 리** : 15리(1리는 약 0.393km).　 * **진날** : 땅이 질척거릴 정도로 비나 눈이 오는 날.

이해 **9** 이야기의 구조 중 결말에 해당하는 사건을 골라 보세요. ( )

① 김 첨지는 어린 손님을 인력거에 태우고 달렸다.

② 집에 돌아온 김 첨지는 죽은 아내를 보고 슬퍼했다.

③ 김 첨지는 오랜만에 돈을 많이 버는 행운을 만났다.

④ 김 첨지는 아내에게 줄 설렁탕을 사 들고 집으로 갔다.

⑤ 아내는 아프다며 김 첨지에게 일을 나가지 말라고 했다.

추론 **10** 김 첨지에 대해 가장 알맞게 말한 친구의 이름을 써 보세요. ( )

■ 은주 : 아내에게 거칠게 말하는 것으로 보아 폭력적인 사람 같아.

■ 현준 : 아내의 말이 귀에 울렸다는 것으로 보아 아내를 걱정하는 것 같아.

■ 다연 : 자기 집에 가까워지자 다리가 무거워지는 걸 보아 집에 가기 싫나 봐.

추론 **11** ㉠이 의미하는 것으로 가장 알맞은 것에 ∨ 표를 해 보세요.

☐ 부의 상징   ☐ 존경의 선물

☐ 건강한 음식   ☐ 아내를 향한 애정

✎ 서술형
추론 **12** <보기>를 읽고 빈칸에 들어갈 알맞은 말을 이 글에서 찾아 써 보세요.

<보기>

반어법은 속마음과 반대로 표현하여 말의 의미를 강조하고, 독자에게 깊은 인상을 주는 표현법입니다. 「운수 좋은 날」에서 김 첨지에게 오늘은 평소보다 돈을 많이 벌었지만, 아내가 죽은 비극적인 날입니다. 그런데 김 첨지는 "＿＿＿＿＿＿＿"이라고 말합니다. 이러한 반어적인 표현이 김 첨지의 불행을 더욱 강조하는 역할을 합니다.

괴상하게도

02 일회용품 사용을 줄이자
논설문

정답과 해설 4쪽

어휘로 만나기

1 빈칸에 들어갈 알맞은 어휘를 골라 써 보세요.

분해   사용   유발하다   배출하다   따르다

■ 공무원은 공장에서 [　　는] 폐수를 조사했다.

(뜻) 안에서 밖으로 밀어 내보내다.

■ 이 자전거는 학생이라면 누구나 무료로 [　　] 이 가능하다.

(뜻) 일정한 목적이나 기능에 맞게 씀.

■ 몸 안으로 들어온 미세 플라스틱은 각종 질병을 [　한다].

(뜻) 어떤 것이 다른 일을 일어나게 하다.

■ 일기 예보에 [　　면] 주말부터 꽃샘추위가 시작된다고 한다.

(뜻) 어떤 경우, 사실이나 기준 따위에 의거하다.

■ 원생생물은 음식물 쓰레기를 [　　] 하는 데 활용된다.

(뜻) 여러 부분으로 이루어진 것을 그 부분이나 성분으로 따로따로 나눔.

* **분해** 나눌 分 풀 解   * **사용** 쓸 使 쓸 用   * **유발** 불러낼 誘 일어날 發   * **배출** 밀어낼 排 날 出

밑줄 친 어휘 중 주어진 한자가 쓰이지 <u>않은</u> 것에 ∨ 표를 해 보세요.

分
나눌 분

☐ 그는 시계를 **분해**한 뒤에 다시 조립했다.

☐ 국어 교재의 문제가 난이도에 따라 **구분**되어 있다.

☐ 도서관에서 책을 **분류**하는 일을 할 학생을 모집한다.

☐ 나는 친구의 거짓말에 **분노**가 치밀었지만 꾹 참았다.

주어진 어휘와 뜻이 비슷한 어휘를 <보기>에서 찾아 빈칸에 써 보세요.

사용	=	
유발하다	=	
배출하다	=	

<보기>

일으키다
내보내다
이용

밑줄 친 어휘에 알맞은 뜻을 찾아 그 기호를 써 보세요.

따르다	㉠ 어떤 경우, 사실이나 기준 따위에 의거하다. ㉡ 다른 사람이 하는 대로 똑같이 하다. ㉢ 좋아하거나 존경하여 가까이 좇다.

(1) 우리 집 개는 유독 나를 잘 **따르고** 공놀이를 좋아한다.   (   )

(2) 친구가 보여 주는 우스꽝스러운 춤을 그대로 **따라서** 췄다.   (   )

(3) 뉴스에 **따르면** 이산화 탄소의 증가가 태풍에 영향을 미친다고 한다.   (   )

**짧은 글로
만나기**

논설문은 읽는 이를 설득하기 위해 어떤 주제에 대한 자신의 의견을 논리적으로 쓴 글로, 주장과 이를 뒷받침하는 근거로 이루어져 있습니다. 주장은 문제 상황을 해결할 수 있는 것이어야 하며, 근거는 주장을 뒷받침하는 타당한 내용이어야 합니다. 또 읽는 사람이 쉽게 이해할 수 있도록 모호한* 표현이 아닌 의미가 정확한 표현을 ㉠**사용**해야 합니다.

논설문은 서론, 본론, 결론으로 구성되어 있습니다. 서론에서는 문제 상황과 주장을 밝힙니다. 본론에서는 주장을 뒷받침하는 근거를 제시합니다. 신문 기사, 통계 자료 등의 자료를 제시하면 더욱 설득력이 생깁니다. 결론에서는 주장을 다시 한번 강조합니다.

* **모호하다** : 어떤 말이나 태도가 정확하게 무엇을 뜻하는지 분명하지 않다.

어휘 **5** ㉠의 쓰임이 알맞지 <u>않은</u> 것에 ∨ 표를 해 보세요.

☐ 낚시하러 가기 전에 미끼로 **사용**할 지렁이를 챙겼다.

☐ 최근 날씨가 더워지면서 선풍기의 **사용**이 증가하고 있다.

☐ 수영장 안으로 음식을 가지고 들어갈 수 있도록 **사용**해 주세요.

이해 **6** 빈칸에 들어갈 알맞은 말을 이 글에서 찾아 써 보세요.

┌──┬──┬──┐
└──┴──┴──┘ 은 어떤 주제에 대해 자신의 의견을 논리적으로 쓴 글이며,

┌──┬──┐ ┌──┬──┐
└──┴──┘ 과 이를 뒷받침하는 └──┴──┘ 로 이루어져 있다.

'제로 웨이스트(Zero-Waste) 생활'은 환경을 보호하기 위해 일상생활에서 발생하는 쓰레기 ㉠**배출**을 최소화하고, 제품을 재사용하기 위해 노력하는 생활 방식을 의미합니다.

생활 속에서 제로 웨이스트를 실천하기 위해서는 네 가지를 지켜야 합니다. 첫째, 불필요한 물건은 거절합니다. 꼭 필요하지는 않지만 무심결*에 받았던 일회용 빨대, 수저 등을 받지 않도록 합니다. 둘째, 쓰레기를 줄일 수 있도록 노력합니다. 선물을 포장할 때 포장지 대신 손수건 등 일회용품을 대신할 물건을 사용합니다. 셋째, 다 쓴 물건은 재사용합니다. 페트병에 든 음료수를 마신 후 깨끗이 씻어 연필꽂이 등으로 사용합니다. 넷째, 쓸 수 없는 물건은 재활용될 수 있도록 올바르게 분리배출을 합니다.

* **무심결** : 아무런 생각이 없어 스스로 깨닫지 못하는 사이.

어휘 **7** ㉠의 쓰임이 알맞은 것에 ∨ 표를 해 보세요.

☐ 어제는 도서관이 문을 닫아서 도서를 **배출**할 수 없었다.

☐ 화재가 발생하면 물을 적신 수건으로 코를 막고 **배출**해야 한다.

☐ 몸속의 가스 **배출**은 자연스러운 현상이니까 부끄러워하지 말자.

추론 **8** 제로 웨이스트 생활에 해당하는 것에 ∨ 표를 해 보세요.

☐ 화장실에서 손을 닦을 때는 휴지를 충분히 사용한다.

☐ 매장에서 주문한 음료를 일회용 컵이 아닌 개인 컵에 받는다.

☐ 소풍을 갈 때 가방이 무겁지 않도록 음식을 일회용 용기에 담는다.

독/해/원/리 **내용의 타당성을 판단하며 읽기**

논설문을 읽을 때는 근거가 주장과 관련이 있는지, 근거가 주장을 타당하게 뒷받침하는지 살펴보세요. 또 객관적이고 정확한 표현을 사용했는지 확인하며 글을 읽어 보세요.

다음 글을 자세히 읽고, 질문에 답해 보세요. [9~12]   ⏱ 읽은 시간 : _____ 분

긴 글로 만나기

일회용품 사용을 줄이자

논설문

㉠최근 가정에서 택배와 배달 음식을 주문하는 일이 증가하면서 생활 속 쓰레기가 늘어나고 있습니다. 제품을 포장하거나 음식을 담을 때 사용하는 상자와 용기는 대부분 한 번 쓰고 버려지는 일회용품입니다. 이로 인해 자연이 몸살을 앓고 있습니다. 자연을 보호하고, 깨끗한 환경에서 건강하게 생활하기 위해서는 일회용품 **사용**을 줄여야 합니다. 왜 일회용품 사용을 줄여야 할까요?

첫째, 일회용품을 처리하는 과정에서 발생하는 환경 오염을 줄일 수 있습니다. 버려진 일회용품은 보통 땅속에 묻거나 불에 태우는데, 그 과정에서 해로운 물질이 **배출**됩니다. 또 제대로 폐기되지 않은 쓰레기가 바다로 흘러 들어갈 경우, **분해**되는 데 오랜 시간이 걸리고 그 과정에서 환경 오염을 **유발할** 수 있습니다. 해양환경공단의 자료에 **따르면**, 비닐봉지는 15년, 종이컵은 20년, 알루미늄 캔은 100년, 페트병은 500년의 분해 시간이 필요하다고 합니다.

둘째, 일회용품을 만드는 데 필요한 자원을 절약할 수 있습니다. 일회용품을 만들려면 다양한 원재료가 필요한데, 이런 자원은 한정적이기 때문에 우리 후손을 위해 최대한 아껴 써야 합니다. 예를 들어 일회용 종이컵의 사용을 줄여 지금보다 적은 양을 생산하게 되면, 종이컵의 원료인 나무를 덜 사용할 수 있습니다. 자원 절약은 물론 산림이 파괴되는 것도 방지할 수 있는 것입니다.

셋째, 일회용품에서 발생하는 환경 호르몬에 노출되는 것을 줄일 수 있습니다. 환경 호르몬은 인체에 문제를 가져올 수 있는 물질로, 암을 비롯한 각종 병을 유발합니다. 플라스틱이나 비닐봉지 같은 일회용품에서 많이 발생하므로, 일회용품을 덜 사용하면 환경 호르몬에 덜 노출되므로 환경 호르몬이 인체에 미치는 영향을 줄일 수 있습니다.

일회용품 사용을 줄이기 위해서는 무심결에 일회용품을 사용하는 습관을 바꾸려는 노력이 필요합니다. 일회용 종이컵 대신 개인 컵을 쓰거나, 편의점에서 산 과자를 비닐봉지 대신 가방에 담는 등 일상생활 속 실천이 필요합니다. ㉡우리 모두 일회용품 사용을 줄이기 위해 노력합시다.

구조 **9** 이 글에서 제시한 근거를 정리하며 빈칸에 알맞은 말을 찾아 써 보세요.

근거 1	일회용품 처리 시 발생하는 [　　　　] [　　　　] 을 줄일 수 있다.
근거 2	일회용품의 원재료인 나무 등 자원을 [　　　] 할 수 있다.
근거 3	[　　　　　　　　　] 에 노출되는 것을 줄일 수 있다.

이해 **10** ㉠에 해당하는 것을 골라 보세요. (　　　　)

① 근거를 뒷받침하는 자료
② 글쓴이가 제시한 문제 상황
③ 글의 전체 내용을 요약하는 문장
④ 글쓴이의 주장을 뒷받침하는 근거
⑤ 글쓴이가 글 전체에서 내세우는 주장

추론 **11** ㉡에 대해 바르게 말한 친구에 ∨ 표를 해 보세요.

☐ 다솜 : 모호하고 단정하는 표현이야.

☐ 아영 : 글쓴이의 감정이 잘 드러나는 표현이야.

☐ 준석 : 의미가 분명하여 정확하게 해석할 수 있는 표현이야.

💡 내용의 타당성을 판단하며 읽기

추론 **12** 이 글의 내용이 타당한지 판단하는 방법으로 알맞지 <u>않은</u> 것을 골라 보세요. (　　　　)

① 주장이 신선하고 흥미로운지 살펴본다.
② 근거가 주장을 뒷받침하는지 살펴본다.
③ 근거가 주장과 관련이 있는지 살펴본다.
④ 근거로 알맞은 자료를 제시했는지 살펴본다.
⑤ 주장이 문제 상황을 해결할 수 있는 것인지 살펴본다.

교과 연계
국어 6-1
5단원
속담을 활용해요

교과 융합
국어 ★ 사회

03 빌렘 바렌츠의 북극 항로 개척기
설명문

정답과 해설 6쪽

**어휘로
만나기**

1 빈칸에 들어갈 알맞은 어휘를 골라 써 보세요.

(항해) (추진) (효과적) (앞장서다) (다다르다)

■ 학급 회장은 [서   ] 수학여행 때 선보일 공연을 준비했다.

(뜻) 어떤 일을 하는 때에 가장 먼저 나서다.

■ 비가 그치고 바람이 잦아들면 [   ] 가 가능할 것이다.

(뜻) 배를 타고 바다 위를 다님.

■ 선생님은 학급의 모든 일을 투표를 통해 [   ] 하겠다고 말씀하셨다.

(뜻) 어떤 목적을 위해서 일을 밀고 나아감.

■ 장군은 새로운 전술과 지형을 이용해 [   ] 으로 적군을 물리쳤다.

(뜻) 어떤 것을 하여 좋은 결과가 얻어지는 것.

■ 기나긴 등산 끝에 우리는 마침내 정상에 [랐다   ].

(뜻) 목적한 곳에 이르다.

＊**항해** 배 航 바다 海 ＊**추진** 옮길 推 나아갈 進 ＊**효과적** 본받을 效 결과 果 과녁 的

주어진 한자가 쓰인 어휘를 <보기>에서 찾아 빈칸에 써 보세요.

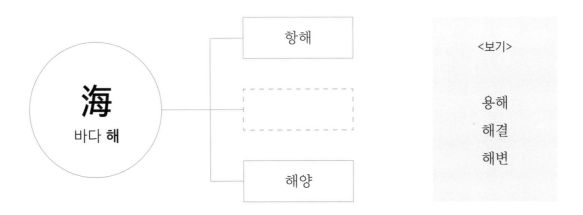

두 어휘의 뜻이 서로 비슷하면 =, 반대이면 ↔ 표를 해 보세요.

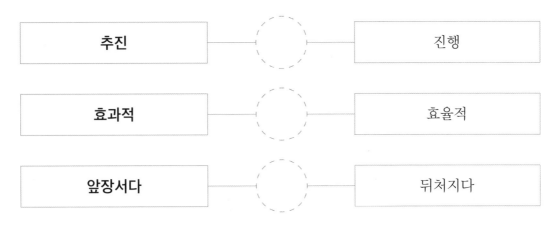

밑줄 친 어휘에 알맞은 뜻을 찾아 그 기호를 써 보세요.

다다르다	㉠ 목적한 곳에 이르다. ㉡ 어떤 수준이나 한계에 이르다.

(1) 축구랑 야구를 연달아서 했더니 체력이 한계에 **다다랐다**.　　　　　(　　)

(2) 학교에 **다다랐을** 때 리코더를 잃어버렸다는 것을 알았다.　　　　　(　　)

짧은 글로 만나기

속담은 옛날부터 사람들 사이에서 전해져 오는 교훈이 담긴 짧은 말입니다. 속담에는 조상들의 지혜와 해학*, 생활 방식이 담겨 있습니다. 속담을 사용하는 까닭은 자신의 생각을 **효과적**으로 전달할 수 있기 때문입니다. 설명해야 할 내용이 길거나 복잡할 때 속담을 사용하면 훨씬 간결하게 표현할 수 있습니다. 생각을 직접적으로 표현하는 대신 속담에 빗대어 비유적으로 전달할 수도 있습니다.

예를 들어 친구에게 '말을 신중히 하자'라는 생각을 전하고 싶을 때, '발 없는 말이 천 리 간다'라는 속담을 쓸 수 있습니다. 말은 발이 없지만 먼 거리인 천 리까지 빠르게 퍼지니 조심해야 한다는 생각을 간접적이고 비유적으로 표현할 수 있습니다.

---

* **해학** : 우습고 재미있으면서도 품위가 있는 말이나 행동.

이해 **5** 이 글의 내용과 일치하는 것에 ○, 일치하지 않는 것에 × 표를 해 보세요.

■ 속담은 설명이 복잡한 상황에서만 쓸 수 있다. ( )

■ 속담을 사용하면 생각을 효과적으로 나타낼 수 있다. ( )

■ 속담은 옛날에는 썼지만 지금은 사용하지 않는 말이다. ( )

추론 **6** '발 없는 말이 천 리 간다'라는 속담을 사용할 수 있는 상황에 ∨ 표를 해 보세요.

☐ 숙제하지 않고 놀다가 방학이 끝날 때쯤 걱정하는 상황

☐ 수다쟁이인 친구가 나의 비밀을 다른 친구에게 말한 상황

☐ 안전에 주의하지 않고 킥보드를 타다가 넘어진 뒤에 후회하는 상황

대륙은 바다로 둘러싸인 큰 땅을 말하는데, 그린란드*보다 면적이 넓으면 대륙이라고 합니다. 대륙에는 아시아, 아프리카, 오세아니아, 유럽, 북아메리카, 남아메리카가 있습니다. 아시아는 대륙 중에서 가장 크며 우리나라가 속해 있습니다. 아프리카는 아시아 다음으로 큰 대륙이고, 오세아니아는 대륙 중 가장 작습니다. 유럽은 다른 대륙에 비해 면적은 좁지만 많은 나라가 있습니다. 북아메리카는 북극해, 남아메리카는 남극해와 접해 있습니다.

대양은 태평양, 대서양, 인도양, 북극해, 남극해 같은 큰 바다를 말합니다. 북극해는 아시아, 유럽, 북아메리카에 둘러싸여 있는 바다입니다. 해빙*으로 덮여 있어서 **항해**가 어려운데, 최근 지구 온난화로 인해 얼음이 녹으면서 항해의 가능성이 커지고 있습니다.

* **그린란드** : 대서양과 북극해 사이에 있는 세계에서 가장 큰 섬.
* **해빙** : 바닷물이 얼어서 생긴 얼음.

이해 **7** 빈칸에 들어갈 알맞은 말을 이 글에서 찾아 써 보세요.

■ [   ]은 바다로 둘러싸인 큰 땅이고, [   ]은 큰 바다를 뜻한다.

■ [   ]는 우리나라가 속한 대륙이다.

이해 **8** 이 글의 내용과 일치하는 것에 ○, 일치하지 않는 것에 × 표를 해 보세요.

■ 아프리카는 아시아보다 큰 대륙이다. (   )

■ 유럽은 대륙 중에서 가장 크고, 많은 나라가 있다. (   )

■ 북극해는 아시아, 유럽, 북아메리카에 둘러싸여 있다. (   )

독/해/원/리 **속담을 활용하며 읽기**

속담을 활용하면 직접적으로 의미를 전달하는 대신에, 비유적으로 깊은 뜻을 표현할 수 있어요. 글에 드러난 상황에서 떠오르는 속담이 있는지 생각하며 글을 읽어 보세요.

다음 글을 자세히 읽고, 질문에 답해 보세요. [9~12] ⊘ 읽은 시간 : _____ 분

긴 글로 만나기

빌렘 바렌츠의 북극 항로 개척기

설명문

16세기 초 유럽인들은 아시아와 원활한 무역을 하기 위해 더 빠른 바닷길을 개척하고자 했습니다. 그리고 북극의 바다를 가로지르면 아시아에 훨씬 빠르게 도착할 수 있고, 운송비를 아껴 무역을 하는데 **효과적**일 것이라 생각했습니다. 당시 항로는 영국에서 아시아까지 아프리카로 돌아가면 2만 킬로미터가 조금 넘었지만, 북극의 바다를 거쳐 가면 1만 3,000킬로미터 이내로 거리를 줄일 수 있었습니다.

이에 네덜란드의 **항해**사이자 탐험가였던 빌렘 바렌츠는 세 차례에 걸쳐 북극 항로를 개척하는 데 **앞장섰습니다**. 첫 번째 탐험에서 바렌츠 일행은 아시아, 유럽, 북아메리카에 둘러싸인 ㉠북극해에 진입하는 데 성공했으나, 노바야젬랴의 해안에 있는 거대한 빙산에 막혀 결국 후퇴하게 되었습니다.

두 번째 탐험은 첫 번째 탐험 소식에 관심을 가지고 지켜보던 네덜란드의 한 왕족에게 지원을 받아 **추진**되었습니다. 그러나 이번에도 러시아 북쪽의 북극해에 접한 바다인 카라해에 **다다르자** 극심한 추위를 견디지 못하고 되돌아가게 되었습니다.

바렌츠 일행의 세 번째 탐험은 암스테르담* 상공인들의 지원으로 떠날 수 있게 되었습니다. 그러나 북극해의 노바야젬랴 근처에서 커다란 빙산에 갇혀 배가 파손되어 또다시 중단되고 말았습니다. 근처 섬에 상륙한 ㉡바렌츠 일행은 오두막을 지어 불을 피우고 얼음을 녹여 물을 보충하면서 무려 8개월 동안 북극해의 혹독한 추위를 견뎠습니다. 결국 일행 중 일부가 구조되어 섬을 탈출하는 데 성공했습니다. 하지만 몸이 쇠약해진 바렌츠는 구조된 지 일주일 만에 목숨을 잃고 말았습니다. 살아남은 일행들이 네덜란드로 돌아왔을 때 사람들은 감동했습니다. 그들이 고객들에게 전달하려고 했던 약품과 옷들이 그대로 남아 있었기 때문입니다. 생명이 위험한 상황에서도 고객의 물품에는 손대지 않고 신뢰를 지켰던 것입니다.

빌렘 바렌츠는 북극 항로를 완벽하게 개척하지는 못했지만, 북극 항해에 있어 중요한 역할을 한 인물로 여겨집니다. 그는 항해한 뱃길을 지도에 정확하게 기록하고, 기상 자료들을 꼼꼼히 수집했습니다. 그가 남긴 자료들은 훗날 북극 항해에 나선 사람들에게 많은 도움이 되었습니다.

* 암스테르담 : 네덜란드의 수도이자 네덜란드 제일의 무역항.

빌렘 바렌츠의 항해 여정을 정리하며 빈칸에 알맞은 말을 찾아 써 보세요.

첫 번째 항해	⬜⬜⬜ 에 진입했지만 빙산에 막혀 후퇴함.
두 번째 항해	⬜⬜⬜ 에 이르렀지만 심한 추위로 후퇴함.
세 번째 항해	북극해 근처 커다란 ⬜⬜ 에 갇혀 배가 파손됨.

이해 **10** 바렌츠 일행이 항해를 떠난 경로로 알맞은 것에 ∨ 표를 해 보세요.

☐ 아시아를 횡단하는 경로

☐ 아프리카로 돌아가는 경로

☐ 북극의 바다를 가로지르는 경로

추론 **11** 아래의 지도에서 ㉠에 해당하는 곳을 골라 보세요. ( )

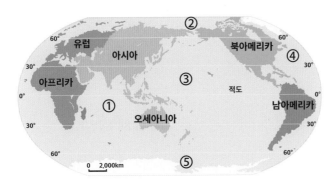

💡 속담을 활용하며 읽기

추론 **12** ㉡과 같은 상황에 쓰일 수 있는 속담으로 알맞은 것을 골라 보세요. ( )

① 바늘 가는 데 실 간다.

② 소 잃고 외양간 고친다.

③ 지렁이도 밟으면 꿈틀한다.

④ 가는 말이 고와야 오는 말이 곱다.

⑤ 하늘이 무너져도 솟아날 구멍이 있다.

교과 연계
국어 6-1
6단원
내용을 추론해요

교과 융합
국어 ★ 미술

04 라파엘로의 아테네 학당
설명문

정답과 해설 8쪽

어휘로
만나기

1 빈칸에 들어갈 알맞은 어휘를 골라 써 보세요.

(원근) (기법) (산만하다) (남다르다) (펴다)

■ 언니는 피아노 연주와 작곡에 [른] 재주가 있다.

뜻 보통의 사람과 유난히 다르다.

■ 「아테네 학당」은 그림 속 인물들의 [   ]이 잘 느껴지는 작품이다.

뜻 멀고 가까움.

■ 이번 체험 학습에서 과거의 건축 [   ]에 대해 배웠다.

뜻 기교와 방법을 아울러 이르는 말.

■ 지도를 [서] 박물관으로 가는 길을 확인하자 마음이 놓였다.

뜻 접히거나 개킨 것을 젖히어 벌리다.

■ 즐거웠던 여름 방학이 끝나고 나니 교실의 분위기가 매우 [했다].

뜻 어수선하여 질서나 통일성이 없다.

＊ **원근** 멀 遠 가까울 近 ＊ **기법** 재주 技 법 法 ＊ **산만** 흩을 散 질펀할 漫

밑줄 친 어휘 중 주어진 한자가 쓰이지 <u>않은</u> 것에 ∨ 표를 해 보세요.

近
가까울 근

☐ 가까이 있는 물건을 크게 그려야 **원근**이 느껴진다.

☐ 나는 학교 **근처**에 있는 문구점에서 물감을 샀다.

☐ **최근** 들어 미세 먼지 농도가 급격히 높아졌다.

☐ 운동선수인 그는 승부 **근성**이 강한 사람이다.

유의어 **3** 주어진 어휘와 뜻이 비슷한 어휘를 <보기>에서 찾아 빈칸에 써 보세요.

기법	=	
산만하다	=	
남다르다	=	

<보기>

소란하다
뛰어나다
기술

다의어 **4** 밑줄 친 어휘에 알맞은 뜻을 찾아 선으로 이어 보세요.

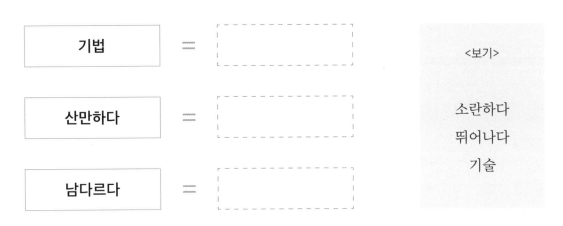

그는 꿈을 **펴기**
위해서 해외로
나가길 원했다.

접히거나 개킨 것을
젖히어 벌리다.

나는 접혀 있던
편지를 후다닥 **펴서**
남몰래 읽었다.

생각이나 의견을
자유롭게 표현하거나
주장하다.

짧은 글로 만나기

추론이란 이미 아는 정보를 바탕으로 다른 판단을 이끌어 내는 것을 말합니다. 사건이나 이야기의 까닭을 짐작할 수 있게 하는 실마리를 '단서'라고 하는데, 이 단서에 자신의 배경지식이나 경험을 덧붙여 생각하면 드러나지 않은 내용까지도 폭넓게 추론할 수 있습니다.

책을 **펴서** 읽는 과정을 상상해 볼까요? 내용과 관련해 평소에 알고 있던 사실이나 자신의 경험을 떠올리며 책을 읽으면, 글쓴이의 생각을 추론할 수 있습니다. 뜻을 잘 알지 못하는 낱말이나 문장이 나올 때는 앞뒤의 내용을 통해 그 의미를 짐작하기도 합니다. 이렇게 추론하며 글을 읽으면 드러나지 않은 내용에 대해서도 생각하게 되므로, 글을 더 깊게 이해할 수 있습니다.

이해 **5** 빈칸에 들어갈 알맞은 말을 이 글에서 찾아 써 보세요.

사건이나 이야기의 까닭을 짐작하게 하는 실마리를 ☐☐ 라고 하는데,

여기에 자신의 경험이나 배경지식을 덧붙여 내용을 ☐☐ 할 수 있다.

이해 **6** 내용을 추론하는 방법으로 가장 알맞은 것에 ∨ 표를 해 보세요.

☐ 모르는 낱말이 나오면 무조건 국어사전을 찾아본다.

☐ 글을 읽어도 이해가 안 될 때는 곧바로 선생님에게 질문한다.

☐ 글의 내용과 관련된 자신의 배경지식이나 경험을 떠올려 본다.

유럽의 중세 시대는 신과 종교 중심의 문화가 성행[*]한 시기였습니다. 때문에 인간의 개성과 창조성이 억압되고, 자연과 과학보다는 종교가 더욱 중요시되었습니다. 그러나 14세기 후반, 인간 중심의 문화를 추구했던 고대의 문화를 되살리기 위한 운동이 시작되었습니다. 이 현상을 예술의 부활을 뜻하는 프랑스어인 '르네상스'라고 부릅니다.

르네상스는 이탈리아를 중심으로 발달했는데, 미술 분야의 변화가 가장 두드러졌습니다. 화가들은 수학과 과학의 원리를 미술의 ㉠**기법**에 적용해 새로운 표현 방식을 시도했습니다. 또 고대 문화의 정신을 본받아 육체의 아름다움을 섬세하게 표현하고, 자연을 사실적으로 묘사했습니다.

＊**성행** : 매우 왕성하게 유행함.

어휘 **7** ㉠의 쓰임이 알맞지 <u>않은</u> 것에 ∨ 표를 해 보세요.

☐ 새로운 수술 **기법**이 도입되어 수술 후 회복 시간이 빨라졌다.

☐ 해돋이 광경을 영상에 담기 위해서는 특별한 촬영 **기법**이 필요하다.

☐ 소풍 날 찍은 사진을 보니 친구와 놀이 기구를 탔던 **기법**이 떠올랐다.

이해 **8** 이 글의 내용과 일치하는 것에 ○, 일치하지 않는 것에 × 표를 해 보세요.

■ 르네상스는 고대 시대의 문화·예술 운동을 뜻한다. (　　　　)

■ 르네상스로 가장 큰 변화를 맞은 분야는 음악이다. (　　　　)

■ 르네상스는 신이 아닌 인간 중심의 문화를 추구했다. (　　　　)

독/해/원/리 **내용을 추론하며 읽기**

글의 앞뒤 사실을 살펴보면 글에 직접 드러나지 않은 부분을 추론할 수 있어요. 그림 속 인물의 행동에서 단서를 찾아 숨겨진 내용을 짐작해 보세요.

다음 글을 자세히 읽고, 질문에 답해 보세요. [9~12]   ⊘ 읽은 시간 : _____ 분

**긴 글로
만나기**

라파엘로의 아테네 학당

설명문

　이탈리아 로마에 있는 바티칸 박물관의 입장권에는 고대 그리스의 철학자 플라톤과 아리스토텔레스의 그림이 인쇄되어 있습니다. 이 그림은 바티칸 박물관의 작품 중에서 걸작으로 꼽히는 라파엘로의 「아테네 학당」 중 일부입니다. 1510년부터 1511년까지 제작된 이 작품에는 고대 시대의 학자 등 54명이 등장합니다.

　라파엘로는 이 작품에 학자들의 모습을 다양하게 표현했습니다. 그림 중앙에 있는 플라톤과 아리스토텔레스 외에도 소크라테스, 헤라클레이토스, 에피쿠로스 등 여러 학자가 등장하고, 그들의 모습에서 각자의 성격과 철학을 엿볼 수 있습니다. 수학자 피타고라스는 책을 **펴고** 앉아 무엇을 계산하는 듯한 모습이고, 철학자인 디오게네스는 계단 가운데에 편안한 자세로 걸터앉아 있습니다. 가난하거나 자연스러운 것은 감출 필요가 없으며, 인간은 자유롭게 사는 것이 중요하다고 강조했던 디오게네스의 철학과 어울리는 모습입니다.

　그렇다면 라파엘로가 다양한 모습의 인물들을 한 그림 안에 조화롭게 그려 넣은 방법은 무엇일까요? 여기에는 **원근**법과 소실점의 원리가 숨어 있습니다. 원근법은 평면 속 물체들의 거리감을 표현하는 미술 **기법**입니다. 그림 속 사물과 인물을 선으로 연결했을 때 선이 모이는 지점을 소실점이라고 하는데, 「아테네 학당」에서는 플라톤과 아리스토텔레스가 서 있는 위치가 소실점에 해당합니다. 감상자의 시선이 소실점으로 집중되므로 인물이 많아도, 그림이 **산만하지** 않고 조화롭게 보이는 것입니다. 또 라파엘로는 인물들을 대리석 계단의 위와 옆에 수평적으로 배치하는 구도를 선택해 그림의 안정감을 살렸습니다.

　라파엘로는 교황인 율리우스 2세의 명을 받아 이 작품을 그렸습니다. 그런데도 종교적 인물이 아니라 고대 시대의 학자들이 등장한다는 점에서 「아테네 학당」이 가지는 상징은 **남다릅니다**. 르네상스 시기의 예술가들은 인간 중심의 예술을 추구했던 고대 그리스·로마의 문화를 본받고자 했고, 라파엘로는 그 변화를 이끄는 화가였습니다. 라파엘로는 르네상스가 고대 학자들의 철학을 이어 간다는 뜻을 담아 「아테네 학당」을 탄생시켰고, 이 작품은 르네상스 정신을 꽃피운 걸작이라는 평가를 받게 되었습니다.

이해 **9** 이 글의 내용과 일치하지 <u>않는</u> 것을 골라 보세요. ( )

① 「아테네 학당」에는 고대 시대의 학자 등 54명이 등장한다.

② 수학자인 피타고라스는 계산하고 있는 듯한 모습으로 그려져 있다.

③ 플라톤과 아리스토텔레스가 서 있는 가운데 지점이 이 작품의 소실점이다.

④ 라파엘로는 율리우스 2세의 명령을 받아 작품의 주인공을 학자들로 정했다.

⑤ 르네상스 시기의 예술가들은 인간 중심의 고대 그리스의 문화를 본받고자 했다.

💡 내용을 추론하며 읽기

[10~11] **다음 그림은 「아테네 학당」의 일부입니다. 그림을 보고 질문에 답해 보세요.**

추론 **10** 이 글과 그림을 보고 추론한 내용으로 가장 알맞은 것에 ∨ 표를 해 보세요.

☐ 등장인물들의 직업은 학자이므로, 서로 자신의 이론에 관해 대화하고 있는 듯해.

☐ 라파엘로는 이 그림을 그리기 위해 등장인물들을 직접 만나며 자료를 조사했을 거야.

☐ 인물들의 차림새와 자세가 다양한 까닭은 그들의 종교가 전부 다른 걸 강조하려는 거야.

추론 **11** 수영이가 내용을 추론한 방법으로 알맞은 것에 ∨ 표를 해 보세요.

> 수영 : 그림 중앙에 있는 플라톤은 한 손으로 하늘을 가리키고 있고, 아리스토텔레스
> 는 땅을 향해 손을 펼치고 있어. 플라톤은 눈에 보이지 않는 이상을 중요하게
> 여기는 학자이고, 아리스토텔레스는 발을 딛고 서 있는 현실을 중요하게 여기
> 는 학자라는 것을 의미하는 것 같아.

☐ 자신의 경험 떠올리기   ☐ 말이나 행동에서 단서 확인하기

✏️ 서술형

이해 **12** 「아테네 학당」이 남다른 상징을 갖는 까닭을 이 글에서 찾아 써 보세요.

종교적 인물들이 아니라 _____ 그렸기 때문입니다.

정답과 해설 10쪽

어휘로 만나기

1 빈칸에 들어갈 알맞은 어휘를 골라 써 보세요.

원소	가치	몰두	착수	잇다

■ 마리 퀴리는 힘든 상황 속에서도 연구를 꾸준히 ⬚어 나갔다.

뜻 끊어지지 않게 계속하다.

■ 자기 중심적으로 행동했던 그는 봉사를 통해 배려의 ⬚를 깨달았다.

뜻 의미나 중요성.

■ 마리 퀴리는 라듐이라는 ⬚를 발견했다.

뜻 모든 물질을 구성하는 기본적 요소.

■ 좋아하는 일에 ⬚를 하다 보니 성공할 수 있었다.

뜻 어떤 일에 온 정신을 다 기울여 열중함.

■ 그 미술관은 지난 5월부터 공사에 ⬚했다.

뜻 어떤 일에 손을 댐. 또는 어떤 일을 시작함.

---

*__원소__ 근본 元 본디 素　*__가치__ 값 價 값 值　*__몰두__ 잠길 沒 머리 頭　*__착수__ 붙을 着 손 手

밑줄 친 어휘 중 주어진 한자가 쓰이지 <u>않은</u> 것에 ∨ 표를 해 보세요.

<table>
<tr><td rowspan="4">**元**
근원 원</td><td>☐ 수소는 매우 가볍고 빛깔과 냄새가 없는 **원소**다.</td></tr>
<tr><td>☐ 그 재단은 행사 수익금을 사회에 **환원**하기로 했다.</td></tr>
<tr><td>☐ 한동안 **정원**을 가꾸지 않았더니 잡초가 많이 자랐다.</td></tr>
<tr><td>☐ 훼손된 문화재들을 **복원**하려면 아주 오랜 시간이 걸린다.</td></tr>
</table>

유의어 **3** 주어진 어휘와 뜻이 비슷한 어휘를 <보기>에서 찾아 빈칸에 써 보세요.

가치	=	
몰두	=	
착수	=	

<보기>

시작

의미

열중

다의어 **4** 밑줄 친 어휘에 알맞은 뜻을 찾아 그 기호를 써 보세요.

잇다	㉠ 끊어지지 않게 계속하다. ㉡ 물건 등의 두 끝을 맞대어 붙이다. ㉢ 많은 사람이나 물체가 줄을 이루어 서다.

(1) 저녁 시간이 되자 차들이 꼬리를 **잇고** 도로 위에 서 있었다.　　　　(　　)

(2) 나는 그 소식을 듣고 너무나 당황스러워서 말을 **잇지** 못했다.　　　　(　　)

(3) 섬과 육지를 **이어** 주는 대교 덕분에 자동차를 타고 섬에 갈 수 있다.　　(　　)

짧은 글로
만나기

　　　　　　　　 ⊙ 　란 사람이 추구하는 정의, 행복, 책임 따위를 통틀어 이르는 말로 **가치**관과 관련이 있습니다. 가치관은 사람이 어떤 행동이나 일을 선택하고 실천하는 데 바탕이 되는 생각입니다. 이야기에도 인물이 추구하는 가치가 나타납니다. 우리는 이야기를 읽으며 인물이 추구하는 가치에서 교훈을 얻을 수 있고, 자신이 현재 겪는 문제나 어려움을 해결할 방법을 찾을 수 있습니다. 자신과 인물이 추구하는 가치를 비교해 볼 수도 있습니다.

　　인물이 추구하는 가치를 파악할 때는 먼저 인물이 처한 상황을 떠올립니다. 그리고 그 상황 속에서 인물이 한 말이나 행동을 알아봅니다. 그렇게 말하고 행동한 까닭을 생각해 보면 인물이 어떤 생각과 가치관을 지니고 있는지 파악할 수 있습니다.

어휘 **5** ⊙에 들어갈 어휘로 가장 알맞은 것에 ○ 표를 해 보세요.

봉사　　지혜　　가치　　효도　　배려

이해 **6** 이 글의 내용과 일치하지 <u>않는</u> 것에 ∨ 표를 해 보세요.

☐ 이야기에 등장하는 인물에게서 교훈을 얻을 수 있다.

☐ 가치관은 어떤 행동을 하는 데 바탕이 되는 생각이다.

☐ 가치는 자신이 현재 겪는 문제를 해결하기 위한 방법을 말한다.

수소, 탄소, 산소, 칼슘 등 물질을 구성하는 기본적인 요소를 '**원소**'라고 합니다. 이러한 원소의 개념을 정리한 사람은 프랑스의 과학자 라부아지에입니다. 라부아지에 이전에는 고대 그리스의 철학자 엠페도클레스가 처음 주장했고, 이후 아리스토텔레스가 지지한* 4원소설이 있었습니다. 아리스토텔레스는 이 세상의 모든 물질이 물, 불, 공기, 흙 네 가지로만 이루어졌다고 믿었습니다.

하지만 라부아지에는 원소란 현재 어떤 수단을 사용해도 더 이상 다른 것으로 분해할 수 없는 것이라고 주장했습니다. 그는 자신의 주장을 증명하기 위해 당시의 기술로 공기를 이산화 탄소와 질소 등으로 분리했고, 공기는 원소가 아니며 여러 가지 원소로 이루어졌다는 것을 밝혔습니다.

* **지지하다** : 어떤 사람이나 단체 등이 내세우는 주의나 의견 등에 찬성하고 따르다.

이해 **7** 빈칸에 들어갈 알맞은 말을 이 글에서 찾아 써 보세요.

☐☐☐☐는 수소, 산소, 칼슘과 같이 물질을 구성하는 기본적인 요소이며,

어떤 수단을 써도 더 이상 다른 것으로 ☐☐☐할 수 없다.

이해 **8** 이 글의 내용과 일치하는 것에 ○, 일치하지 않는 것에 × 표를 해 보세요.

■ 아리스토텔레스는 4원소설을 지지했다. ( )

■ 라부아지에의 주장에 따르면 공기는 원소다. ( )

■ 라부아지에는 물을 이산화 탄소와 질소 등으로 분리했다. ( )

독/해/원/리 **인물이 추구하는 가치를 파악하며 읽기**

인물이 처한 상황에서 한 행동을 살펴보고 그렇게 행동한 까닭을 생각하며 글을 읽어 보세요. 인물의 행동을 통해 인물이 추구하는 가치를 파악할 수 있어요.

다음 글을 자세히 읽고, 질문에 답해 보세요. [9~12]　　　　　　　　⏱ 읽은 시간 : _____ 분

긴 글로 만나기

인류를 사랑한 과학자, 마리 퀴리

전기문

　1867년 폴란드에서 태어난 마리 퀴리는 어린 시절부터 과학 실험에 흥미가 많았습니다. 마리는 고등학교를 1등으로 졸업했지만, 당시 폴란드에는 여학생을 받아 주는 대학교가 없었습니다. 결국 1891년에 프랑스로 가서 소르본 대학에 입학해 물리학을 공부했습니다. 학업에 열중하던 마리는 대학에서 피에르 퀴리를 만났습니다. 피에르 역시 마리처럼 과학에 열정이 가득한 사람이었습니다. 둘은 부부가 되어 함께 연구에 **몰두**했습니다.

　1896년, 과학계에서 중요한 일이 일어났습니다. 프랑스의 물리학자 앙리 베크렐이 우라늄에서 방사선이 나온다는 사실을 발견한 것입니다. 이를 계기로 마리 퀴리는 방사선* 연구에 **착수**했습니다. 그리고 1898년에 퀴리 부부는 우라늄보다 더 강한 방사선을 내는 새로운 **원소**를 발견했습니다. 마리는 조국 폴란드의 이름을 따서 이 원소를 '폴로늄'이라고 이름 지었습니다. 나아가 폴로늄을 분리하고 남은 물질에서 폴로늄보다 더 강한 방사선을 내는 '라듐'을 발견했습니다. 1903년, 퀴리 부부는 방사선에 대한 연구를 인정받아 공동으로 노벨 물리학상을 수상했습니다.

　하지만 마리 퀴리에게 큰 비극이 찾아왔습니다. 1906년에 피에르 퀴리가 마차에 치이는 사고로 사망한 것입니다. 슬픔 속에서도 연구를 **이어** 간 마리는 1911년에 폴로늄과 라듐에 대한 연구 업적으로 노벨 화학상까지 수상했습니다. 역사상 최초로 노벨상을 두 번 받게 된 것입니다.

　마리 퀴리는 자신이 발견한 라듐과 관련된 특허를 내어 큰돈을 벌지 않고, 많은 사람이 라듐을 사용할 수 있도록 연구 결과를 공개했습니다. 또 라듐에서 나오는 방사선을 이용한 질병 치료를 연구했고, 이것은 오늘날 암 치료에서 중요한 역할을 하는 방사선 치료의 시작이 되었습니다. 제1차 세계 대전이 일어나자 엑스선 장비를 실은 자동차를 타고 돌아다니며 부상자의 치료를 돕기도 했습니다. 이처럼 마리 퀴리는 힘든 상황 속에서도 부와 명예에 **가치**를 두지 않고 과학과 인류를 위해 헌신했습니다. 하지만 오랜 시간 방사선에 노출된 마리 퀴리는 1934년, 67세의 나이에 백혈병으로 세상을 떠나고 말았습니다.

* **방사선** : 방사성 물질이 붕괴할 때 나오는 전자기파.

9 마리 퀴리가 한 일을 생각하며 빈칸에 알맞은 말을 찾아 써 보세요.

1891년	[ ]로 가서 소르본 대학에 입학함.
1898년	폴로늄과 [ ]을 발견함.
1903년	남편 [ ]와 함께 노벨 물리학상을 수상함.
1911년	폴로늄과 라듐에 대한 연구 업적으로 노벨 [ ]을 수상함.

10 마리 퀴리에 대한 설명으로 알맞은 것을 골라 보세요. (   )

① 마리 퀴리는 폴란드에서 대학을 다녔다.
② 마리 퀴리는 라듐에 대한 특허를 받았다.
③ 마리 퀴리는 혼자서 폴로늄과 라듐을 발견했다.
④ 마리 퀴리는 역사상 최초로 노벨상을 두 번 받았다.
⑤ 마리 퀴리는 제1차 세계 대전에 참전해 간호사로 일했다.

11 이 글에 나오는 원소에 대한 설명으로 알맞은 것에 ∨ 표를 해 보세요.

☐ 우라늄 : 퀴리 부부가 발견한 방사선이 나오는 원소

☐ 폴로늄 : 마리 퀴리가 조국 폴란드의 이름을 따서 이름 지은 원소

☐ 라듐 : 피에르 퀴리가 방사선을 이용한 질병 치료를 위해 연구한 원소

🔅 인물이 추구하는 가치를 파악하며 읽기

12 마리 퀴리가 추구하는 가치로 가장 알맞은 것에 ∨ 표를 해 보세요.

☐ 성공을 위해 부와 명예를 중시하는 것

☐ 자신의 이익보다 과학과 인류를 위해 헌신하는 것

☐ 치료를 받지 못하는 가난한 사람을 위해 봉사하는 것

정답과 해설 12쪽

[1~4]   다음 뜻풀이에 알맞은 어휘를 찾아 선으로 이어 보세요.

1. 멀고 가까움.   •   • 펴다

2. 정도가 지나치다.   •   • 액수

3. 돈의 값을 나타내는 수.   •   • 원근

4. 접히거나 개킨 것을 젖히어 벌리다. •   • 과하다

[5~9]   밑줄 친 어휘와 뜻이 비슷한 어휘를 <보기>에서 골라 괄호 안에 써 보세요.

<보기>	효과적	앞장서다	몰두	배출하다	착수

5. 반장은 모두가 꺼려하는 화장실 청소에 손을 들고 **나섰다**.   (   )

6. 공무원은 공원에 몰래 쓰레기를 **내보내는** 사람을 찾아냈다.   (   )

7. 한 번도 해 보지 않은 일을 **시작**할 때는 많은 용기가 필요하다.   (   )

8. 형은 책에 너무 **집중**한 나머지 내가 부르는 소리를 듣지 못했다.   (   )

9. 나는 여행하는 동안 시간을 **효율적**으로 활용하기 위해 계획표를 짰다. (   )

[10~14]   빈칸 안에 들어갈 알맞은 어휘에 ○ 표를 해 보세요.

10. 세상의 모든 생명은 위치 가치 가 있고 소중하다.

11. 부모님은 늘 나에 대한 배려 염려 로 잔소리가 많으시다.

12. 그는 아무리 달음질 박음질 을 해도 자전거를 따라잡을 수 없었다.

13. 시베리아 횡단 열차는 세계에서 가장 긴 거리를 잇는 잊는 열차다.

14. 공장과 자동차에서 나오는 매연은 각종 대기 오염을 유발한다 유지한다 .

괄호 안에 들어갈 알맞은 어휘를 <보기>에서 골라 써 보세요.

<보기>	항해	기법	분해	추진	사용

15. 점묘법은 점을 찍어 그림을 그리는 (   )이다.

16. 오후 6시 이후에는 난방 기기의 (   )을 제한한다.

17. 친환경 봉지는 흙에서 쉽게 (   )되는 성분으로 만들어졌다.

18. 타이타닉호는 (   )를 시작한지 3시간 만에 빙산에 부딪혔다.

19. 삼촌은 오랜만에 하는 가족 모임을 매우 적극적으로 (   )했다.

[20~22] 밑줄 친 어휘의 뜻을 <보기>에서 찾아 그 기호를 써 보세요.

<보기>	㉠ 마음이 너그럽고 크다.
	㉡ 보통의 사람과 유난히 다르다.
	㉢ 어수선하여 질서나 통일성이 없다.

20. 그 친구는 누가 실수해도 화내지 않는 **관대한** 성격이다.   (   )

21. 새로 전학 온 학생은 음악은 물론 미술 실력도 **남달랐다**.   (   )

22. 쉬는 시간에는 교실 분위기가 **산만해서** 책을 읽기 힘들다.   (   )

[23~25] 주어진 어휘를 활용하여 문장을 만들어 보세요.

23. 원소 → _____

24. 따르다 → _____

25. 다다르다 → _____

주장과 근거

개념 적용 **1.** 다음 주장에 알맞은 근거를 골라 그 기호를 써 보세요.

(1) **동물원을 폐지해야 한다.** (　　　　)

　　ⓣ 동물원은 자연과 동물에 대한 다양한 교육을 제공한다.

　　ⓛ 좁은 곳에서 사는 동물들이 스트레스로 인해 이상 행동을 보이는 사례가 있다.

(2) **밤늦게 아파트 근처 공원에서 시끄럽게 하면 안 된다.** (　　　　)

　　ⓣ 소음이 이웃의 휴식과 수면에 방해가 될 수 있다.

　　ⓛ 아파트 근처 공원에서 음식을 먹고 쓰레기를 버리고 가는 경우가 있다.

(3) **독서를 많이 해야 한다.** (　　　　)

　　ⓣ 도서관은 조용하게 책을 읽기에 적합한 곳이다.

　　ⓛ 책을 읽으면 독해력이 길러져서 다른 공부에도 도움이 된다.

맞춤법 **2.** 아래 표를 보고 주어진 문장의 맞춤법이 맞으면 ○, 틀리면 × 표를 해 보세요.

잇다	잊다
■ 끊어지지 않게 계속하다. 　ⓐ 말을 **잇다**. ■ 두 끝을 맞대어 붙이다. 　ⓐ 끈을 **잇다**.	■ 한번 알았던 것을 기억하지 못하거나 기억해 내지 못하다. 　ⓐ 전화번호를 **잊다**. ■ 어려움이나 고통, 또는 좋지 않은 지난 일을 마음속에 두지 않거나 신경 쓰지 않다. 　ⓐ 고통을 **잊다**.

(1) 이 상자는 비밀번호를 **잊으면** 절대 열 수 없다. (　　　　)

(2) 점과 점을 **잊다** 보니 커다란 고래 모양이 되었다. (　　　　)

(3) 장남인 형은 귀국해서 당분간 가업을 **잇기로** 했다. (　　　　)

마리 퀴리는 힘든 상황 속에서도 연구를 이어가 노벨상을 받았습니다. 우리는 마리 퀴리의 삶에서 역경을 극복하는 태도를 배울 수 있습니다. 역경에 관한 사자성어에는 어떤 것이 있는지 알아볼까요?

● **고진감래** 쓸苦 다할盡 달甘 올來

쓴 것이 다하면 단 것이 온다는 뜻으로, 고생 끝에 낙이 온다는 뜻입니다.

● **산전수전** 뫼山 싸움戰 물水 싸움戰

산에서의 싸움과 물에서의 싸움이라는 뜻으로, 세상의 온갖 고난과 역경을 겪어 경험이 많다는 뜻입니다.

● **악전고투** 악할惡 싸움戰 쓸古 싸울鬪

어려운 싸움과 괴로운 다툼이라는 뜻으로, 매우 어려운 상황이지만 죽을힘을 다하여 고된 역경과 맞선다는 뜻입니다.

● **우후지실** 비雨 뒤後 땅地 열매實

비 온 뒤에 땅이 굳는다는 뜻으로, 힘든 시기를 인내하고 견디면 역경을 극복한 뒤에 마음이 더욱더 단단해진다는 뜻입니다.

● **칠전팔기** 일곱七 엎드러질顚 여덟八 일어날起

일곱 번 넘어져도 여덟 번째 일어난다는 뜻으로, 실패와 역경을 겪어도 굴하지 않고 끊임없이 노력하여 다시 도전한다는 뜻입니다.

● **형설지공** 반딧불이螢 눈雪 갈之 공功

반딧불이와 눈에 반사된 빛으로 글을 읽어 가며 얻은 공이란 뜻으로, 고생 속에서 공부하여 얻은 업적을 뜻합니다.

사회
도덕

교과 연계
사회 6-1
일상생활과
민주주의

교과 융합

사회 ★ 국어

06 링컨의 게티즈버그 연설
연설문

정답과 해설 13쪽

어휘로
만나기

1 빈칸에 들어갈 알맞은 어휘를 골라 써 보세요.

| 헌신 | 실현 | 주목하다 | 신성하다 | 바치다 |

■ 민주주의를 [   ] 하기 위해서는 자유와 평등이 보장되어야 한다.

뜻 꿈, 기대 따위를 실제로 이룸.

■ 전 세계 언론은 방탄소년단의 유엔 총회 연설을 [했다].

뜻 관심을 가지고 주의 깊게 살피다.

■ 안중근 의사는 평생 조국 독립에 몸을 [쳤다].

뜻 무엇을 위하여 모든 것을 아낌없이 내놓거나 쓰다.

■ 사람들은 옛날부터 이 터를 [한] 공간으로 생각했다.

뜻 함부로 가까이할 수 없을 만큼 귀하고 위대하다.

■ 아버지는 몸이 편찮으신 할머니를 [   ]을 다해 보살피셨다.

뜻 몸과 마음을 바쳐 있는 힘을 다함.

* **헌신** 바칠 獻 몸 身 * **실현** 열매 實 나타날 現 * **주목** 둘 注 눈 目 * **신성** 신 神 성인 聖

밑줄 친 어휘 중 주어진 한자가 쓰이지 <u>않은</u> 것에 ∨ 표를 해 보세요.

身
몸 신

☐ 소방관의 **헌신** 덕분에 무사히 건물을 탈출할 수 있었다.

☐ 그는 주말마다 등산하며 꾸준히 **신체**를 단련했다.

☐ 신라 시대에는 '골품제'라는 **신분** 제도가 있었다.

☐ 대한민국 임시 정부는 독립**신문**을 발행했다.

유의어
반의어 **3** 두 어휘의 뜻이 서로 비슷하면 =, 반대이면 ↔ 표를 해 보세요.

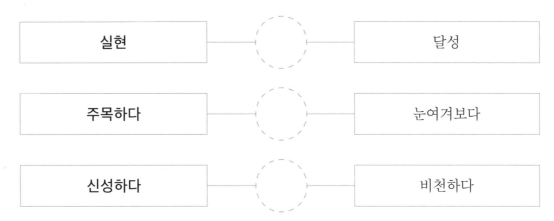

실현	⃝	달성
주목하다	⃝	눈여겨보다
신성하다	⃝	비천하다

다의어 **4** 밑줄 친 어휘에 알맞은 뜻을 찾아 그 기호를 써 보세요.

바치다	㉠ 무엇을 위하여 모든 것을 아낌없이 내놓거나 쓰다.
	㉡ 반드시 내거나 물어야 할 돈을 가져다주다.
	㉢ 신이나 웃어른에게 정중하게 드리다.

(1) 세금을 **바치는** 것은 국민의 의무다. ( )

(2) 마리 퀴리는 과학 연구에 일생을 **바쳤다**. ( )

(3) 심청이는 용왕님에게 **바치는** 제물이 되었다. ( )

**짧은 글로
만나기**

연설은 여러 사람 앞에서 자신의 주장이나 의견을 말하는 것입니다. 많은 사람 앞에서 의견을 전달해야 하는 만큼 준비를 철저히 해야 합니다. 먼저 자신의 의견을 뒷받침하는 근거와 자료를 정리하고 개요를 작성합니다. 개요를 바탕으로 연설문을 쓴 다음, 여러 번 읽으면서 연습합니다. 연설할 때는 듣는 사람을 배려하는 태도가 중요합니다. 듣는 사람이 연설의 내용을 이해하는지, 지루해하지는 않는지 등의 반응을 살피며 연설해야 합니다.

유명한 연설로는 링컨이 게티즈버그에서 한 연설이 있습니다. 그는 나라를 위해 목숨을 ㉠**바친** 사람들을 위한 추도식*에서 민주주의의 참된 의미를 담은 연설을 했습니다. 이처럼 의견이 잘 전달된 연설은 사람들에게 큰 울림과 가르침을 줍니다.

＊ **추도식** : 추도(죽은 사람을 생각하며 슬퍼함.)의 뜻을 표하기 위한 의식.

어휘 **5** ㉠과 바꿔 쓸 수 있는 어휘에 ○ 표를 해 보세요.

구한   건진   유지한   내놓은   구걸한

이해 **6** 이 글의 내용과 일치하는 것에 ○, 일치하지 않는 것에 × 표를 해 보세요.

■ 연설은 한 사람과 의사소통하는 것을 말한다. (   )

■ 링컨은 게티즈버그에서 열린 취임식에서 연설했다. (   )

■ 연설하기 전에는 개요를 바탕으로 한 연설문을 쓴다. (   )

민주주의는 모든 국민이 나라의 주인으로서 권리를 갖고, 그 권리를 자유롭고 평등하게 행사*하는 정치 제도를 말합니다. 민주주의를 ㉠**실현**하기 위해서는 모든 사람이 인간의 존엄, 자유, 평등을 누려야 합니다. 이 세 가지는 민주주의의 기본 정신입니다.

인간의 존엄은 모든 사람은 태어날 때부터 인간으로서 소중한 가치를 존중받아야 한다는 것을 의미합니다. 자유는 국가나 다른 사람에게 간섭받지 않고 자신이 원하는 바를 스스로 결정할 수 있는 것을 뜻합니다. 평등은 성별, 인종, 재산 등에 따라 차별받지 않고 누구나 동등하게 대우받아야 한다는 것을 말합니다.

* **행사** : 어떤 일을 시행함.

어휘 **7** ㉠의 쓰임이 알맞지 <u>않은</u> 것에 ∨ 표를 해 보세요.

☐ 변호사인 고모는 정의를 **실현**하기 위해서 노력하신다.

☐ 몇 년 동안 열심히 공부한 삼촌은 의사의 꿈을 **실현**했다.

☐ 나는 졸업 사진을 찍고 나서야 친구들과의 이별을 **실현**했다.

이해 **8** 이 글의 내용과 일치하지 <u>않는</u> 것에 ∨ 표를 해 보세요.

☐ 민주주의의 기본 정신은 인간의 존엄, 자유, 평등이다.

☐ 평등은 모든 사람이 태어날 때부터 존중받아야 한다는 의미다.

☐ 자유는 누군가의 간섭 없이 스스로 결정할 수 있는 것을 뜻한다.

독 / 해 / 원 / 리 **글쓴이의 생각을 파악하며 읽기**

글쓴이의 생각을 파악하기 위해서는 글쓴이의 생각이 드러나는 낱말이나 문장을 살펴보세요. 그리고 글쓴이가 글을 쓴 의도와 목적을 생각하며 글을 읽어 보세요.

다음 글을 자세히 읽고, 질문에 답해 보세요. [9~12]   읽은 시간 : _____ 분

**긴 글로
만나기**

링컨의 게티즈버그 연설

연설문 / 링컨

지금으로부터 87년 전, 우리 선조들은 자유롭게 생활할 수 있고 모든 사람이 태어날 때부터 평등하다는 믿음이 지켜지는 새로운 나라를 이 대륙에 세웠습니다.

우리는 지금 남북 전쟁에 휩싸여 있고, 우리 선조들이 그토록 바라던 자유와 평등이 **실현**되는 이 나라가 과연 얼마나 더 오랫동안 존재할 수 있을지 걱정되는 상황에 놓여 있습니다.

오늘 우리는 남군과 북군이 치열한 전투를 벌였던 곳인 게티즈버그에 모였습니다. 우리는 조국을 위해 목숨을 **바친** 분들에게 마지막 안식처*로써 이 장소를 바치고자 합니다. 이는 지극히* 당연하고 마땅히 해야 하는 일입니다.

하지만 한층 더 깊게 생각해 보면, 이 땅을 **신성하게** 만든 사람은 우리가 아닙니다. 전사자든 생존자든 여기서 목숨 바쳐 싸웠던 용감한 분들이 이미 이곳을 성스러운 곳으로 만들었기 때문에, 우리는 더 보탤 것이 없습니다.

우리가 여기서 하는 말에 관해 세상 사람들은 그리 **주목하지** 않을 테고, 오랫동안 기억하는 사람도 없을 것입니다. 그렇지만 그분들이 이곳에서 이룬 업적만큼은 결코 잊지 못할 것입니다.

우리는 이제 살아남은 자로서 여기서 싸웠던 분들이 애타게 바랐던 것을 이루고, 과업*을 달성하기 위해 마땅히 **헌신**을 해야 합니다. 우리는 명예롭게 죽어간 분들이 마지막까지 온 힘을 다해 이루고자 했던 일에 더욱더 헌신할 수 있는 커다란 힘을 그분들로부터 얻고, 그분들의 죽음을 결코 헛되게 하지 않겠다고 다시 한번 굳게 다짐합니다. 우리는 이제 우리 앞에 놓인 미완성으로 남은 위대한 과업을 이루기 위해 몸과 마음을 바쳐 노력해야 합니다.

우리가 노력할 때 이 나라는 새롭게 보장된 자유를 누릴 수 있을 것입니다. 이 나라는 국민의, 국민에 의한, 국민을 위한 정부로서 지구상에서 절대 사라지지 않을 것입니다.

* **안식처** : 편히 쉬는 곳. * **지극히** : 더할 것 없이 아주. * **과업** : 꼭 해야 할 일이나 임무.

이해 **9** 링컨이 연설한 목적을 골라 보세요. ( )

① 전쟁의 폭력성과 문제점을 강조하기 위해서

② 게티즈버그에서 전투가 일어난 까닭을 밝히기 위해서

③ 민주주의를 통해 평등을 실현하는 방법을 말하기 위해서

④ 전투에 지원한 사람들에게 금전적으로 보상을 해 주기 위해서

⑤ 전투에 참여한 사람들을 추도하고 민주주의의 의미를 말하기 위해서

추론 **10** 이 글을 통해 짐작해 볼 때 링컨이 원하는 나라가 <u>아닌</u> 것에 ∨ 표를 해 보세요.

☐ 다른 사람의 간섭을 받지 않고 모든 사람이 자유롭게 생활할 수 있는 나라

☐ 전쟁이 없는 평화로운 나라를 만들기 위해 많은 사람이 국가에 헌신하는 나라

☐ 피부색이 다르다는 까닭으로 차별받지 않고 모든 사람이 태어날 때부터 평등한 나라

추론 **11** 이 글과 <보기>를 통해 짐작한 내용으로 알맞은 것에 ∨ 표를 해 보세요.

<보기>

미국의 남부와 북부는 노예와 관세 제도에 대한 의견 차이로 갈등을 빚었습니다. 이러한 문제들이 원인이 되어 남북 전쟁이 일어났습니다. 특히 1863년 7월에 게티즈버그에서 3일간 치열한 전투가 벌어졌습니다. 전투가 일어난 지 4개월 후 게티즈버그에 국립묘지가 세워져 추도식이 열렸고, 링컨은 그곳에서 연설을 했습니다.

☐ 링컨은 1863년 11월에 게티즈버그에서 연설했다.

☐ 남북 전쟁 후 게티즈버그에 평화의 공원을 만들었다.

☐ 미국의 남부는 노예 제도를 반대했고, 북부는 찬성했다.

서술형

추론 **12** 이 글의 내용을 친구에게 전하려고 할 때, 밑줄에 들어갈 말을 이 글에서 찾아 써 보세요.

링컨은 게티즈버그 연설에서 민주주의의 의미를 잘 반영한 정부의 모습으로 '_____ 정부'라는 표현을 썼어. 주권은 국민에게 있고, 정치는 국민에 의해 이뤄져야 하며 국민을 위한 것이어야 한다는 의미야.

07 청소년도 선거를 할 수 있을까?
대화문

정답과 해설 15쪽

어휘로 만나기

1 빈칸에 들어갈 알맞은 어휘를 골라 써 보세요.

| 개정 | 선거 | 제기 | 헷갈리다 | 휩쓸리다 |

■ 국회 의원 [　　　　　] 에서 나의 소중한 한 표를 행사했다.

　(뜻) 선거권을 가진 사람이 공직을 임할 사람을 투표로 뽑는 일.

■ 다른 사람 말에 [　　　지] 않고 내 생각을 주장했다.

　(뜻) 무엇에 영향을 입다.

■ 외국인 근로자들이 법의 [　　　　　] 을 요구하며 집회를 열었다.

　(뜻) 주로 문서의 내용 따위를 고쳐 바르게 함.

■ 그는 쓰레기 매립장 선정 방식을 비판하며 문제를 [　　　　　] 했다.

　(뜻) 의견이나 문제를 내놓음.

■ 학년별로 하루씩 돌아가며 운동장을 사용하면 너무 [　　　릴] 것 같다.

　(뜻) 정신이 어지럽고 혼란스럽게 되다.

＊**개정** 고칠 改 바를 正　＊**선거** 가릴 選 들 擧　＊**제기** 제시할 提 일어날 起

주어진 한자가 쓰인 어휘를 <보기>에서 찾아 빈칸에 써 보세요.

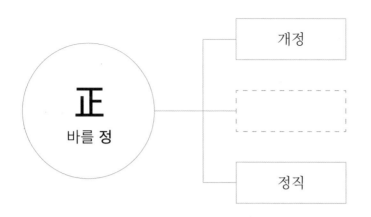

개정

정직

正
바를 정

<보기>

우정
애정
정의

주어진 어휘와 뜻이 비슷한 어휘를 <보기>에서 찾아 빈칸에 써 보세요.

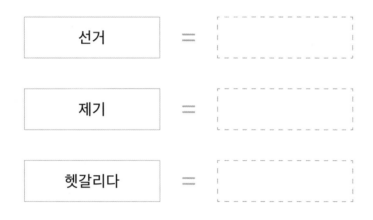

선거	=	
제기	=	
헷갈리다	=	

<보기>

혼동되다
제안
선정

밑줄 친 어휘에 알맞은 뜻을 찾아 선으로 이어 보세요.

선원이 거센
파도에 **휩쓸려서**
실종되었다.

무엇에 영향을
입다.

감정에 **휩쓸리지**
않고 이성적으로
판단했다.

물, 불, 바람 따위에
모조리 휘몰려
쓸리다.

**짧은 글로
만나기**

　우리가 속한 사회는 작게는 가정, 학급, 학교에서부터 크게는 국가와 세계까지 종류가 다양합니다. 다양한 사회 속에서 다양한 사람들과 살아가기 위해서는 함께 결정해야 하는 일들이 많습니다. 예를 들어 '우리 가족의 청소 담당은 어떤 방식으로 정할까?', '어떻게 하면 점심시간에 운동장을 공평하게 사용할 수 있을까?', '우리 지역의 대표로 누구를 뽑을까?', '선거법을 어떻게 ㉠개정해야 할까?' 등 여러 가지 문제가 있습니다.

　이 문제들은 혼자 결정하는 것이 아니라 가족회의, 학급 회의, 주민 회의 등을 통해 많은 사람과 함께 결정해야 합니다. 이렇게 공통의 문제를 다른 사람들과 같이 해결하고 타협하며 생활 속에서 민주주의를 실천할 수 있습니다.

어휘 **5**　㉠과 비슷한 의미를 가진 어휘가 들어간 문장이 <u>아닌</u> 것에 ∨ 표를 해 보세요.

　□ 선생님께서 맞춤법 **규정**에 어긋나는 문장을 고쳐 주셨다.

　□ 나는 주말 동안 학예회 때 선보일 연극의 대본을 **수정**했다.

　□ 그는 몹시 부끄러워하며 잘못된 숫자가 들어간 보고서를 **정정**했다.

이해 **6**　이 글의 내용과 일치하는 것에 ∨ 표를 해 보세요.

　□ 친한 사람들끼리 어울리며 모여 살면 타협이나 양보는 필요 없다.

　□ 학급 회의에서 친구들과 토론을 하는 것은 민주주의를 실천하는 사례다.

　□ 우리는 다양한 사람들과 살기 때문에 자신의 주장을 내세우는 것이 중요하다.

모든 국민이 정치에 직접 참여하여 정책을 결정하는 것은 어려운 일입니다. 그래서 자신의 뜻을 전달할 대표자를 　⑦　를 통해 뽑습니다. **선거**는 국민이 정치에 참여하는 가장 기본적인 방법이자, 국가의 주인으로서 권리를 행사하는 방법입니다. 그래서 선거를 '민주주의의 꽃'이라고 부릅니다.

우리나라의 선거는 네 가지 원칙에 의해 이루어집니다. 먼저 보통 선거는 만 18세 이상의 국민이면 누구나 투표를 할 수 있는 원칙입니다. 평등 선거는 한 사람이 한 표씩만 행사할 수 있는 것을 말합니다. 또 본인이 직접 투표해야 하는 직접 선거, 누구에게 투표했는지 다른 사람에게 비밀로 하는 비밀 선거의 원칙에 의해 선거가 이루어지고 있습니다.

어휘 **7** ⑦에 들어갈 어휘로 가장 알맞은 것에 ○ 표를 해 보세요.

추첨　　거수　　추천　　선거　　호명

이해 **8** 이 글의 내용과 일치하는 것에 ○, 일치하지 않는 것에 × 표를 해 보세요.

■ 선거는 국민이 정치에 참여하는 가장 기본적인 방법이다. 　　　　(　　)

■ 직접 선거는 어떤 사람을 뽑았는지 비밀로 하는 원칙이다. 　　　　(　　)

■ 보통 선거는 한 사람이 한 표씩만 투표를 할 수 있는 원칙이다. 　　　(　　)

독/해/원/리 **자신의 의견을 생각하며 읽기**

어떠한 주제에 대해 다양한 의견이 등장하는 글을 읽을 때는 자신의 의견을 생각하며 글을 읽어 보세요. 자신의 의견을 생각하며 읽으면 다양한 의견을 더 쉽게 이해할 수 있답니다.

다음 글을 자세히 읽고, 질문에 답해 보세요. [9~12]   읽은 시간 : _____ 분

긴 글로 만나기

청소년도 선거를 할 수 있을까?

대화문

선생님 : 저번 시간에는 민주주의의 꽃, **선거**에 대해 배웠어요. 국민이 자신을 대표할 사람을 직접 뽑는 선거를 청소년이 할 수 있다는 것을 알고 있나요?

승현 : 지난 제21대 국회의원 선거에서 선거일 기준 만 18세의 청소년이 우리나라 역사상 처음으로 선거권을 행사했다는 내용을 뉴스에서 본 것 같은데, 정확한 연령이 좀 **헷갈려요.**

선생님 : 1948년에 우리나라 정부가 세워진 초기에는 선거 연령이 만 21세였고, 1960년에 만 20세로 낮아졌어요. 그리고 2005년에 만 19세로 선거 연령이 낮아진 이후 오랫동안 유지되었어요. 하지만 여러 시민 단체에서 연령 기준을 더 낮춰야 한다는 의견이 꾸준히 **제기**되었어요. 결국 2019년에 선거법이 **개정**되어, 2020년에 열린 제21대 국회의원 선거부터는 만 18세도 투표를 할 수 있게 되었지요. 그러나 여전히 연령을 더 낮춰야 한다는 주장과 다시 높여야 한다는 주장이 제기되고 있답니다.

선영 : 학업으로 바쁜 청소년에게 선거권을 주는 것이 맞을까요?

민수 : 저는 찬성해요. 선거는 나라의 미래인 청소년에게 사회와 정치에 관심을 갖게 하는 좋은 기회이기 때문입니다. 또 그동안 OECD* 국가 중 19세의 선거권을 유지하는 나라는 우리나라가 유일했어요. 미국, 영국, 프랑스 등의 나라는 18세, 오스트리아는 16세부터 선거권을 준다고 배웠어요.

지원 : 저는 다른 나라와 비교하는 건 적절하지 않다고 생각해요. 17세에 고등학교를 졸업하는 나라도 있어요. 나라마다 교육 환경이 다르므로 신중하게 생각해야 합니다. 또 청소년은 아직 올바른 판단을 하기에는 어리기 때문에 부모님이나 친구들의 의견에 **휩쓸릴** 수 있습니다.

승현 : 그렇지만 청소년이 어리기 때문에 판단이 미숙하다고 생각하는 건 청소년의 기본권을 무시하는 편견입니다. 청소년도 나라의 주인이므로 소중한 한 표를 행사할 권리가 있다고 생각합니다.

* **OECD** : 1961년에 만들어진 국제 경제 협력 기구.

주제 **9** 이 글의 중심 내용으로 가장 알맞은 것을 골라 보세요. ( )

① 선거의 기본 원칙

② 청소년의 선거권과 찬반 의견

③ 우리나라 청소년의 정치적 무관심

④ 청소년의 기본권과 기본권 침해 사례

⑤ 우리나라와 다른 나라의 선거 방법 비교

이해 **10** 이 글의 내용과 일치하지 <u>않는</u> 것을 골라 보세요. ( )

① 나라마다 교육 환경이 다르다.

② 우리나라는 만 18세부터 투표할 수 있다.

③ OECD 국가 중 우리나라의 선거 연령이 가장 낮다.

④ 우리나라 정부가 세워진 초기에는 선거 연령이 만 21세였다.

⑤ 우리나라는 제21대 국회의원 선거부터 청소년이 투표할 수 있게 되었다.

추론 **11** 이 글을 읽고 답을 찾을 수 <u>없는</u> 질문에 ∨ 표를 해 보세요.

☐ 선거 연령이 18세인 나라는 어디인가요?

☐ 우리나라의 선거 연령은 어떻게 변화했나요?

☐ 우리나라와 다른 나라의 교육 환경은 어떻게 다른가요?

✎ 서술형

💡 자신의 의견을 생각하며 읽기

추론 **12** 청소년의 선거권에 대한 자신의 의견과 그 까닭을 써 보세요.

■ 의견 → _____

■ 까닭 → _____

08 날씨와 경제는 어떤 관계가 있을까?

설명문

정답과 해설 17쪽

어휘로
만나기

1 빈칸에 들어갈 알맞은 어휘를 골라 써 보세요.

(기후) (수요) (생산) (밀접하다) (일어나다)

■ 날씨가 더워지자 공장은 아이스크림의 [   ]을 늘렸다.

뜻 인간이 생활하는 데 필요한 각종 물건을 만들어 냄.

■ 날씨와 경제는 서로 [한] 관계가 있다.

뜻 아주 가깝게 맞닿아 있다.

■ 지구 온난화로 인해 지구의 [   ]가 변화하고 있다.

뜻 기온, 비, 눈, 바람 따위의 공기 상태.

■ 김장철이 되자 배추에 대한 [   ]가 급격하게 증가하고 있다.

뜻 어떤 물건이나 서비스를 일정한 가격으로 사려고 하는 욕구.

■ 건물에서 큰 화재가 [서] 사람들이 서둘러 대피했다.

뜻 어떤 일이 생기다.

* **기후** 공기 氣 기후 候 * **수요** 구할 需 원할 要 * **생산** 날 生 생산할 産 * **밀접** 가까울 密 접할 接

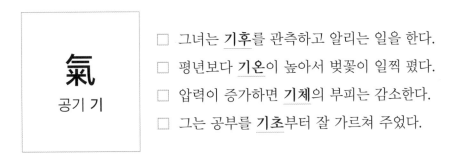

氣
공기 기

☐ 그녀는 **기후**를 관측하고 알리는 일을 한다.

☐ 평년보다 **기온**이 높아서 벚꽃이 일찍 폈다.

☐ 압력이 증가하면 **기체**의 부피는 감소한다.

☐ 그는 공부를 **기초**부터 잘 가르쳐 주었다.

유의어
반의어   **3**   두 어휘의 뜻이 서로 비슷하면 =, 반대이면 ↔ 표를 해 보세요.

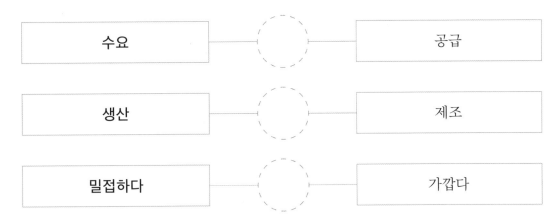

수요	◯	공급
생산	◯	제조
밀접하다	◯	가깝다

다의어   **4**   밑줄 친 어휘에 알맞은 뜻을 찾아 선으로 이어 보세요.

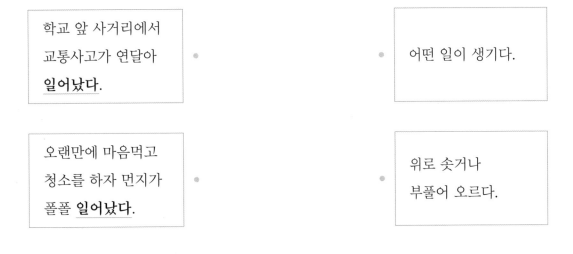

학교 앞 사거리에서
교통사고가 연달아
일어났다.

어떤 일이 생기다.

오랜만에 마음먹고
청소를 하자 먼지가
폴폴 **일어났다.**

위로 솟거나
부풀어 오르다.

**짧은 글로
만나기**

'날씨'와 ㉠'**기후**'는 뜻이 비슷하지만 다른 말입니다. 날씨는 짧은 기간의 공기 상태를 말합니다. 즉 그날의 공기의 온도가 높으면 날씨가 덥고, 공기의 온도가 낮으면 날씨가 춥습니다. 기온, 습도, 강수량, 바람은 날씨를 결정하는 중요한 요소입니다. 반면에 기후는 한 지역에서 오랜 기간 나타나는 날씨의 평균적인 상태로, 날씨보다 범위가 더 넓습니다.

날씨와 기후는 변화하는 원인과 속도도 다릅니다. 날씨는 고기압이나 저기압의 이동에 따라 빠른 속도로 변합니다. 한편 기후는 태양 활동의 변화, 화산 폭발로 인한 먼지 증가, 바닷물의 온도 변화 등 자연의 변화에 따라 긴 세월에 걸쳐 변화합니다.

어휘 **5** ㉠의 쓰임이 알맞은 것에 ∨ 표를 해 보세요.

☐ 오늘의 **기후**는 너무 덥고 습하다.

☐ 내일 **기후**를 보니 우산을 가지고 나가야겠다.

☐ 사막의 **기후**는 덥고 건조하며 바람이 많이 분다.

이해 **6** 이 글의 내용과 일치하는 것에 ○, 일치하지 않는 것에 ✕ 표를 해 보세요.

■ 기후는 날씨보다 긴 세월에 걸쳐 변화한다. （   ）

■ 날씨는 자연의 변화에 따라 빠른 속도로 변한다. （   ）

■ 날씨는 고기압이나 저기압의 이동에 따라 변한다. （   ）

경제란 무엇일까요? 경제란 말은 왠지 어렵게 느껴지고 나와 상관없는 것 같지만, 우리는 매일 경제 활동을 하고 있습니다. 경제는 우리가 생활에 필요한 재화와 서비스를 만들고, 나누고, 쓰는 모든 활동입니다. 여기서 재화란 생활에서 필요한 것 중 쌀과 옷처럼 만질 수 있는 것을 말합니다. 그리고 서비스는 의사의 진료나 음식점 직원의 서빙처럼 사람들이 만족을 느낄 수 있도록 하는 행동을 말합니다.

농부가 쌀을 **생산**하거나 선생님이 수업을 하는 것은 재화나 서비스를 만드는 활동입니다. 또 생산된 쌀을 운전기사가 전국의 시장으로 운반하는 것은 재화를 나누는 활동입니다. 그리고 우리가 그 쌀을 시장에서 구입하여 밥을 지어 먹는 것은 재화를 쓰는 활동입니다. 이 모든 활동이 경제에 해당합니다.

이해 7 빈칸에 들어갈 알맞은 말을 이 글에서 찾아 써 보세요.

[　　　]란 생활에 필요한 [　　　]와 [　　　]를 만들고, 나누고, 쓰는 모든 활동이다.

추론 8 재화나 서비스를 만드는 활동에 ∨ 표를 해 보세요.

☐ 거리를 청소하는 환경미화원

☐ 공책을 구매해 사용하는 학생

☐ 배추를 전국의 시장으로 운반하는 운전기사

독/해/원/리 **글의 구조를 생각하며 읽기**

글을 읽을 때 구조를 생각하며 읽으면 글의 내용을 더욱 쉽게 이해할 수 있어요. 글의 중심 내용을 파악하고, 글의 구조를 생각하며 읽어 보세요.

다음 글을 자세히 읽고, 질문에 답해 보세요. [9~12]　　　　　　⏱ 읽은 시간 : _____ 분

긴 글로 만나기

날씨와 경제는 어떤 관계가 있을까?

설명문

우리의 하루는 날씨에 따라 달라집니다. 아침에 일어나 날씨를 보고 무엇을 입을지, 우산을 챙길지, 어떤 교통수단을 이용할지 정합니다. 날씨에 따라 비행기나 배의 운항이 달라지기도 하고, 건설 현장에서는 날씨를 보고 일정을 계획합니다. 이렇게 날씨는 우리 생활과 **밀접한** 관련이 있습니다.

날씨에 따라 생활 모습이 바뀌는 것과 같이 날씨에 따라 경제도 변합니다. 날씨에 따라 사람들이 먹고 싶은 음식이 달라지기 때문에, 판매되는 식품의 종류와 판매량이 달라집니다. 아이스크림은 판매량의 70퍼센트가 7월과 8월에 팔립니다. 콜라는 기온이 25도가 넘으면 매출이 급격하게 올라가고, 1도 올라갈 때마다 판매량이 올라간다고 합니다. 반대로 추운 겨울에는 호빵, 군고구마, 그리고 따뜻한 국물이 있는 음식의 **수요**가 늘어납니다. 이렇게 날씨에 따라 사람들이 찾는 식품이 달라지기 때문에 식품 회사는 날씨에 맞춰 제품을 기획하고 **생산**합니다.

의류 산업도 날씨에 영향을 받습니다. 2019년 12월부터 2020년 2월 사이의 전국 평균 기온은 3.1도로 1973년 이후 가장 따뜻한 겨울이었습니다. 이러한 날씨 변화에 따라 겨울옷이 잘 팔리지 않는 현상이 일어났습니다. 그해 나온 겨울옷들은 원래 가격에 판매되지 못하고 재고*로 남았습니다. 또 겨울옷의 수요가 줄어들자 오리털 가공, 원단 생산, 의류 도매업 등 의류 산업 전체에 변화가 **일어났습니다**.

농·축산업은 날씨에 직접적인 영향을 받습니다. 2018년은 살인적인 더위가 있었던 해입니다. 너무나 더운 날씨에 전국의 수많은 닭이 죽고 말았습니다. 그래서 닭고기의 가격이 올라갔습니다. **기후** 변화로 기온이 올라 농업에도 변화가 생겼습니다. 과거에는 사과, 복숭아, 포도가 주로 따뜻한 남부 지방에서 재배되었지만, 현재는 충북과 강원 지역에서도 재배됩니다. 또 감귤과 단감과 같이 날씨가 따뜻한 지역에서만 자라는 작물을 재배할 수 있는 지역이 점점 많아질 전망입니다.

날씨에 따라 우리의 생활 모습이 변하고, 우리가 필요로 하는 것이 달라집니다. 그리고 그에 맞춰 다양한 산업이 움직이는 것입니다. 이러한 날씨와 경제의 관계를 알면 경제를 이해하는 데 도움이 됩니다.

* 재고 : 창고에 쌓여 있는 물건.

구조 9 이 글의 중심 내용을 정리하며 빈칸에 알맞은 말을 찾아 써 보세요.

식품 산업	[ ]에 따라 사람들이 찾는 식품의 종류가 달라진다.
의류 산업	기온이 올라가자 겨울옷을 찾는 사람의 [ ]가 줄어들었다.
농·축산업	더운 날씨에 닭이 많이 죽어 닭고기의 [ ]이 올라갔다.

이해 10 이 글의 내용과 일치하지 <u>않는</u> 것을 골라 보세요.　　　　　　　　(　　　　)

① 날씨는 우리 생활과 밀접한 관련이 있다.
② 2018년 폭염으로 인해 닭고기 가격이 인상됐다.
③ 아이스크림은 판매량의 절반 이상이 여름에 팔린다.
④ 감귤을 재배할 수 있는 지역은 앞으로 증가할 전망이다.
⑤ 2020년 1월에는 추위가 심해서 겨울옷의 매출이 증가했다.

추론 11 이 글을 읽고 난 반응으로 알맞지 <u>않은</u> 것에 ∨ 표를 해 보세요.

☐ 날씨에 따라 비행기나 배의 운항이 취소될 수 있어.

☐ 기후 변화는 지역에서 재배되는 작물의 종류에 영향을 끼치지 않아.

☐ 닭고기를 원하는 사람의 수는 그대로인데 닭의 수가 줄면 닭고기 가격은 올라가겠지.

✏️ 서술형
추론 12 <보기>의 뉴스를 읽고 밑줄에 들어갈 알맞은 말을 써 보세요.

<보기>

　　당분간 큰 비 소식이 전혀 없을 것으로 보입니다. 전국의 가뭄 지수가 농작물에 피해가 발생할 수 있는 '가뭄' 단계, 특히 수도권은 '매우 가뭄'까지 치솟았습니다. 이 때문에 주부들의 근심이 깊어지고 있습니다. 가뭄이 심한 만큼 채소 가격이 _____. '금배추', '금무'라는 말까지 나오고 있습니다.

교과 연계
사회 6-1
우리나라
경제 체제의 특징

교과 융합
사회 ★ 국어

09 허생전
소설

정답과 해설 19쪽

어휘로 만나기

1 빈칸에 들어갈 알맞은 어휘를 골라 써 보세요.

(입수) (독점) (고갈되다) (앞다투다) (해치다)

■ 그 방송사는 축구 경기의 [   ] 중계권을 갖고 있다.

뜻 개인이나 한 단체가 생산과 시장을 지배하여 이익을 모두 차지함.

■ 그는 사건에 관한 중요한 자료를 제일 먼저 [   ] 한 사람이다.

뜻 손에 들어옴. 또는 손에 넣음.

■ 우리는 쉬는 시간을 알리는 종이 울리자 매점으로 [어] 달려갔다.

뜻 남보다 먼저 하거나 잘하려고 경쟁적으로 애쓰다.

■ 구청은 도시 미관을 [는] 가로수를 모두 교체했다.

뜻 어떤 상태에 손상을 입혀 망가지게 하다.

■ 세계 여러 나라는 에너지가 [는] 현상에 대비하고 있다.

뜻 자원이나 물질 등이 다 써서 없어지다.

* **입수** 들 入 손 手 * **독점** 홀로 獨 차지할 占 * **고갈** 마를 枯 목마를 渴 * **해치다** 해로울 害

밑줄 친 어휘 중 주어진 한자가 쓰이지 <u>않은</u> 것을 찾아 ∨ 표를 해 보세요.

手
손 수

☐ 신제품 개발을 시작했다는 정보를 **입수**했다.

☐ 공원에 앉아 푸른 **호수**를 바라보니 기분이 좋았다.

☐ 나는 떠오르는 생각들을 **수첩**에 적는 습관이 있다.

☐ 그는 친구에게 먼저 손을 내밀어 화해의 **악수**를 건넸다.

유의어
반의어 **3**　두 어휘의 뜻이 서로 비슷하면 =, 반대이면 ↔ 표를 해 보세요.

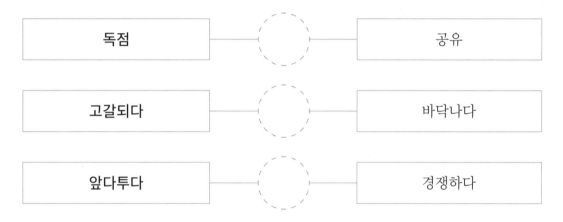

독점	◯	공유
고갈되다	◯	바닥나다
앞다투다	◯	경쟁하다

다의어 **4**　밑줄 친 어휘에 알맞은 뜻을 찾아 그 기호를 써 보세요.

해치다	㉠ 어떤 상태에 손상을 입혀 망가지게 하다.
	㉡ 사람의 마음이나 몸에 해를 입히다.
	㉢ 다치게 하거나 죽이다.

(1) 새로 들어선 건물이 학교의 경관을 **해치고** 조망권을 빼앗았다.　　　(　　　)

(2) 먹이를 찾아 주택가로 내려온 동물이 사람을 **해치는** 사건이 일어났다.　(　　　)

(3) 그는 과도한 운동과 잦은 편식으로 건강을 **해쳐** 결국 병원에 입원했다.　(　　　)

짧은 글로
만나기

시장은 여러 가지 상품을 사고파는 곳으로, 가계*와 기업은 다양한 형태의 시장에서 경제 활동을 합니다. 시장은 전통 시장, 대형 할인점, 인터넷 쇼핑 등 형태가 다양합니다. 시장에서 눈으로 보거나 손으로 만질 수 있는 물건만 거래하는 것은 아닙니다. 사람의 노동력을 사고파는 인력 시장, 주식을 거래하는 주식 시장, 다른 나라의 돈을 거래하는 외환 시장, 집이나 토지를 사고파는 부동산 시장도 시장의 한 형태입니다.

시장의 형태는 사고파는 상품뿐 아니라 경쟁하는 방법에 따라 완전 경쟁 시장, **독점** 시장 등으로 나뉘기도 합니다. ⟨　㉠　⟩ 시장은 하나의 단체나 기업이 다른 경쟁자를 제외하고 생산과 시장을 지배하여 이익을 독차지하는 시장을 말합니다.

＊ **가계** : 소비의 주체로 가정을 이르는 말.

어휘　**5**　㉠에 들어갈 어휘로 가장 알맞은 것에 ○ 표를 해 보세요.

독립　단독　독학　독점　독백

이해　**6**　이 글의 내용과 일치하는 것에 ○, 일치하지 않는 것에 × 표를 해 보세요.

■ 독점 시장은 하나의 기업이 이익을 독차지하는 시장을 말한다.　(　　)

■ 시장에서는 눈으로 보거나 손으로 만질 수 있는 물건만 거래한다.　(　　)

■ 시장은 물건을 만드는 곳으로, 가계와 기업은 시장에서 경제 활동을 한다. (　　)

「허생전」은 조선 후기에 박지원이 쓴 한문 소설로, 『열하일기』에 실려 있습니다. 밤낮으로 글만 읽고 가정은 돌보지 않던 주인공 허생이 부자인 변씨에게 빌린 돈을 **입수**한 후, 시장에서 물건을 독점해 거래하는 모습을 담고 있습니다. 박지원은 소설 속 허생의 상거래 활동을 통해 조선 후기의 취약한 경제 구조를 비판하고, 무능력하고 겉만 중시하는 양반을 풍자*했습니다.

「허생전」이 수록된 『열하일기』는 박지원이 청나라에 다녀와서 쓴 기행 문집으로, 청나라의 문물과 풍속, 제도 등을 담고 있습니다. 박지원은 청나라의 문물과 기술을 받아들이자고 주장한 학자 중 한 명으로, 특히 상공업을 통해 나라를 발전시켜야 한다고 주장했습니다. 이러한 박지원의 생각을 반영한 작품 중 하나가 바로 「허생전」입니다.

---

* **풍자** : 남의 결점을 다른 것에 빗대어 비웃으면서 폭로하고 공격함.

이해 7 이 글의 내용과 일치하는 것에 ∨ 표를 해 보세요.

☐ 「허생전」은 우리나라 최초의 한글 소설이다.

☐ 박지원은 명나라에 여행을 다녀온 후 「허생전」을 썼다.

☐ 「허생전」의 주인공 허생은 시장에서 물건을 독점하여 거래했다.

이해 8 빈칸에 들어갈 알맞은 말을 이 글에서 찾아 써 보세요.

「허생전」은 [   ]이 쓴 [   ] 소설로

조선 후기의 취약한 경제와 [   ]의 무능을 비판하는 내용이다.

독/해/원/리 **인물의 성격을 짐작하며 읽기**

소설에서는 인물의 성격을 직접 설명하기도 하지만 인물의 말이나 행동을 통해 간접적으로 나타내기도 해요. 인물이 한 말과 행동을 통해 인물의 성격을 짐작하며 글을 읽어 보세요.

다음 글을 자세히 읽고, 질문에 답해 보세요. [9~12]　　　　⏱ 읽은 시간 : _____ 분

긴 글로 만나기

허생전

소설 / 박지원

　허생은 한양에서 제일가는 부자인 변씨에게 빌린 만 냥을 **입수**하자, 곧바로 안성으로 향했다. 안성은 경기도, 충청도 사람들이 마주치는 길목으로 장이 크게 서기 때문이다. 허생은 안성 시장에서 장사치들이 값을 달라는 대로 돈을 주고 감이며 배, 대추, 밤, 잣 등을 사들였다. 이후 추석 무렵부터 과일이 귀하기 시작하더니 시월 동짓달에는 서울 장안에서 감 한 개, 밤 한 톨 구경할 수 없는 지경에 이르렀다. 그러자 허생은 곳간을 열어 시세보다 열 배가 넘는 값에 과일을 되팔았다. 사람들이 **앞다퉈** 과일을 사려는 모습을 본 허생은 한숨을 내쉬며 말했다.

　㉠"만 냥으로 온갖 과일의 값을 좌우했으니, 나라의 형편을 알 만하구나."

　석 달 동안 열 배의 이익을 남긴 허생은 제주도로 건너가 갓과 망건*을 만들 때 사용하는 말총을 모조리 사들이며 말했다.

　"몇 년이 흐르면 사람들이 망건을 구할 수 없어 머리를 싸매지 못할 것이다."

　과연 그의 말대로 시간이 얼마 지나지 않아 망건 값이 열 배로 치솟았다.

<중략>

　변씨가 허생에게 빌린 돈의 백 배를 어떻게 벌었는지 묻자 허생이 답하기를,

　"조선은 배가 외국으로 통하지 않고, 수레로 지방 곳곳을 다니지 못하여 온갖 물건이 제자리에서 생겨난 후 제자리에서 없어지기 때문이지요. 만 냥이 있으면 한 가지 물종*을 **독점**할 수 있어서 과일이면 과일 전부, 말총이면 말총 전부, 한 고을이면 한 고을 전부를 가질 수 있지요. 물에서 나는 만 가지 물종 중 한 가지를 슬그머니 독점하고, 뭍에서 나는 만 가지 물종 중 또 하나를 슬그머니 독점하면, 그 한 가지 물종이 한 곳에 묶여 있는 동안 모든 장사꾼이 사고팔 물품이 **고갈될** 것 아니겠소. 결국 비싼 값을 지불하더라도 물건을 사려 할 것이 아니겠소. 그런데 이렇게 물건값이 오를 것을 예상하여 한꺼번에 샀다가 쌓아 둔 다음 비싸게 팔면 피해는 고스란히 백성이 당하는 법, 결국 백성을 **해치는** 길이 될 것이오. 장차 나랏일을 하는 사람들이 만약 나와 같은 방법을 쓴다면 반드시 이 나라가 병들게 될 것이오."

＊**망건** : 상투를 튼 사람이 머리카락을 올려 흘러내리지 않도록 머리에 두르는 그물처럼 생긴 물건.

＊**물종** : 물건의 종류.

이해 **9** 이 글의 내용과 일치하는 것을 골라 보세요. ( )

① 허생은 안성에서 제일가는 과일 장사꾼이다.

② 허생은 울릉도로 건너가 말총을 모조리 사들였다.

③ 허생은 변씨에게 만 냥을 빌렸고, 백만 냥을 벌었다.

④ 변씨는 한양에 있는 시장에서 과일을 독점하여 큰 부를 이루었다.

⑤ 허생은 안성 시장에서 망건을 모두 사들이고 열 배가 넘는 값으로 되팔았다.

💡 인물의 성격을 짐작하며 읽기

추론 **10** 이 글을 읽고 짐작할 수 있는 허생의 성격으로 알맞은 것에 ∨ 표를 해 보세요.

☐ 부자인 변씨에게 돈을 만 냥이나 빌린 것으로 보아 배짱이 두둑한 사람 같아.

☐ 빌린 돈의 백 배를 어떻게 벌었는지 말하는 허생의 말투로 보아 허세가 심한 듯해.

☐ 안성 시장에서 장사치들이 값을 부르는 대로 돈을 준 것으로 보아 어리숙한 인물 같아.

추론 **11** 허생이 ⑤과 같이 말한 까닭을 바르게 짐작한 친구의 이름을 써 보세요. ( )

■ 아름 : 조선 후기의 취약한 경제 상황을 비판하려는 거야.

■ 준서 : 나라의 형편을 걱정하는 척하면서 흉을 보려는 거야.

■ 혁재 : 만 냥으로 과일의 값을 좌우한 것을 자랑하려는 거야.

추론 **12** 변씨가 다음과 같이 질문한다고 가정했을 때 허생의 답변으로 알맞은 것을 골라 보세요.

( )

> 변씨 : 장차 나랏일을 하는 사람들이 당신과 같은 방법을 써서 나라를 병들게 만들지
> 않으려면 어떻게 해야 하오?

① 이웃 나라와 거래하지 말고 과일을 더 많이 재배해야 하오.

② 세금을 투명하게 거두어 온 백성에게 골고루 나눠 줘야 하오.

③ 양반뿐만 아니라 상인도 나랏일을 할 수 있도록 제도를 바꿔야 하오.

④ 물건을 자유롭게 거래하지 못하도록 나라에서 시장 경제를 통제해야 하오.

⑤ 물건을 독점하듯이 소수의 사람이 오래 권력을 차지하는 일을 경계해야 하오.

교과 연계
도덕 6
공정한 세상

교과 융합
♡ ⊗
도덕 ★ 사회

10 세상을 바꾸는 공정 무역
설명문

정답과 해설 21쪽

어휘로 만나기

1 빈칸에 들어갈 알맞은 어휘를 골라 써 보세요.

공정   협상   정당하다   부과하다   거치다

■ 땀 흘려 열심히 일했다면 그에 대해 [한   ] 보상을 받아야 한다.

뜻) 이치에 맞아 올바르고 마땅하다.

■ 판사는 최대한 [   ] 한 판결을 내리기 위해 노력해야 한다.

뜻) 공평하고 올바름.

■ 하나의 물건이 만들어지기 위해서는 많은 단계를 [쳐야] 한다.

뜻) 어떤 과정이나 단계를 겪거나 밟다.

■ 평화로운 [   ] 을 위해서는 서로 간의 양보가 필요하다.

뜻) 어떤 목적에 부합되는 결정을 하기 위해 여럿이 서로 의논함.

■ 수입 제품에 각종 세금을 [여   ] 국내 제품보다 가격이 더 비싸졌다.

뜻) 세금이나 부담금 따위를 매겨 부담하게 하다.

---

* **공정** 공평할 公 바를 正 * **협상** 도울 協 장사 商 * **정당** 바를 正 마땅할 當 * **부과** 매길 賦 매길 課

밑줄 친 어휘 중 주어진 한자가 쓰이지 **않은** 것에 ∨ 표를 해 보세요.

公
공평할 공

□ 모든 시합은 **공정**한 규칙 속에서 이루어졌다.

□ 이 방은 오랫동안 사용하지 않았던 **공간**이다.

□ **공공** 기관은 국가에서 운영하는 기관을 뜻한다.

□ 엄마는 음식을 **공평**하게 나눠 접시에 담으셨다.

주어진 어휘와 뜻이 비슷한 어휘를 <보기>에서 찾아 빈칸에 써 보세요.

협상	=	
정당하다	=	
부과하다	=	

<보기>

합당하다
매기다
협의

밑줄 친 어휘에 알맞은 뜻을 찾아 그 기호를 써 보세요.

| 거치다 | ㉠ 어떤 과정이나 단계를 겪거나 밟다. |
| | ㉡ 오가는 도중에 어디를 지나거나 들르다. |

(1) 어떤 작품은 수백 번의 수정 작업을 **거쳐** 완성된다. ( )

(2) 그가 탑승한 비행기는 파리를 **거쳐** 영국으로 향했다. ( )

짧은 글로 만나기

여러 나라의 법원 앞에는 한 손에 저울을 들고 있는 정의의 여신상이 있습니다. 이 저울은 그 누구도 억울한 일을 당하지 않도록 **공정**하게 심판하겠다는 의미를 담고 있습니다. 여기서 '공정'이란 마치 평형의 저울처럼, 어느 편으로도 치우치지 않고 공평하며 올바른 것을 뜻합니다.

공정은 모든 사람이 공평한 기회 속에 ⟨ ㉠ ⟩한 대우를 받으며 행복한 삶을 살아가기 위해 꼭 필요한 가치입니다. 공정한 생활을 위해서는 다음의 다섯 가지 원리가 필요합니다. 첫째는 다른 사람의 의견 존중하기, 둘째는 다른 사람의 입장에서 생각하기, 셋째는 모든 사람이 자신의 **정당한** 몫 받기, 넷째는 상대방의 의견에 열린 자세로 경청하기, 다섯째는 부당한 대우를 받는 사람을 보호하기입니다.

어휘 **5** ㉠에 들어갈 어휘로 가장 알맞은 것에 ○ 표를 해 보세요.

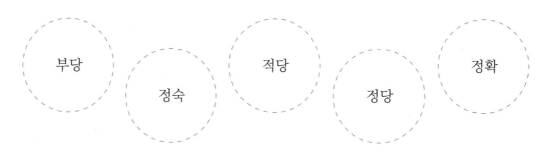

부당   정숙   적당   정당   정확

이해 **6** 이 글의 내용과 일치하는 것에 ∨ 표를 해 보세요.

☐ '나의 의견 주장하기'는 공정한 생활을 위한 원리다.

☐ 공정한 생활을 위해서는 모두 다섯 가지 원리가 필요하다.

☐ 여러 나라의 법원 앞에는 저울을 든 자유의 여신상이 있다.

세계의 각 나라는 서로 다른 자연환경 속에서 각자의 자본과 기술을 가지고 물건과 서비스를 생산합니다. 나라마다 가진 특징이 다르므로 서로 잘 만드는 제품의 종류가 다릅니다. 이때 나라와 나라가 서로 부족하거나 필요한 물건과 서비스를 사고파는 것을 무역이라고 합니다.

자유 무역 협정*은 나라 간에 물건이나 서비스 등의 자유로운 이동을 위해 맺는 약속을 말합니다. 자유 무역 협정을 맺은 나라끼리는 **협상**을 ㉠**거쳐** 수출입 관세*를 낮추고, 무역을 제한하는 분야를 없애거나 줄여서 더 활발한 무역이 이루어집니다. 반면 협정을 맺지 않은 나라는 차별적으로 높은 관세를 부담하거나 무역 거래에서 소외될 수도 있습니다.

* **협정** : 한 국가가 다른 국가와 약정을 맺음. 또는 그 약정.
* **관세** : 수출·수입되거나 통과되는 화물에 대하여 부과되는 세금.

어휘 **7** ㉠의 쓰임이 알맞지 <u>않은</u> 것에 ∨ 표를 해 보세요.

☐ 명석한 그는 중학교 과정을 **거친** 후에 곧바로 대학에 진학했다.

☐ 한 편의 영화는 오랜 시간 동안 복잡한 제작 과정을 **거쳐서** 완성된다.

☐ 한밤중에 큰 소리가 들리자 아버지는 겉옷을 **거치고** 급히 밖으로 나가셨다.

이해 **8** 이 글의 내용과 일치하는 것에 ○, 일치하지 않는 것에 × 표를 해 보세요.

■ 자유 무역 협정을 맺은 나라끼리는 수출입 관세가 낮다.　　　　(　　　)

■ 자유 무역 협정을 맺으면 무역 거래에서 소외될 수 있다.　　　　(　　　)

■ 나라 간 무역에서는 물건과 서비스를 함께 협상해서 만든다.　　　　(　　　)

독/해/원/리 **세부 내용을 이해하며 읽기**

세부 내용을 이해하려면 중요한 내용이나 그것을 뒷받침하는 내용을 찾으며 글을 읽어 보세요. 설명하는 내용이 틀린 부분은 없는지 생각해 보고, 필요한 정보에 집중하며 글을 읽어 보세요.

다음 글을 자세히 읽고, 질문에 답해 보세요. [9~12]   읽은 시간 : _____ 분

세상을 바꾸는 공정 무역
설명문

긴 글로 만나기

세계 여행을 떠날 수 있는 자판기가 있습니다. 이 자판기에는 필리핀, 페루, 네팔 등 10개국에서 생산된 다양한 제품들이 들어 있습니다. 돈을 넣고 원하는 버튼을 누르면 제품과 제품의 생산 과정이 적힌 가상의 비행기 탑승권이 나옵니다. 예를 들어 페루 초콜릿을 선택하면, 초콜릿과 페루 농부들이 어떤 과정을 **거쳐** 초콜릿을 만드는지 알 수 있는 탑승권 모양의 종이를 받을 수 있습니다. 마치 페루로 여행을 떠나 페루 농부들에게서 직접 초콜릿을 구매하는 것처럼 말입니다. 이 특별한 자판기는 **공정** 무역 자판기로, 소비자가 생산자의 제품을 직접 구매하는 공정 무역의 방식을 소개하기 위해 만들어졌습니다.

공정 무역의 첫 번째 원칙은 생산자와 소비자가 직접 거래하는 것입니다. 기존의 무역에서는 기업이 이익을 내기 위해 제품을 만드는 개발 도상국의 생산자에게는 적은 임금을 주고, 상품을 유통하는 과정에서 각종 비용을 **부과하는** 방식으로 이익을 냈습니다. 예를 들어 가격이 3,000원인 초콜릿을 구매해도 생산자에게 돌아가는 돈은 약 150원밖에 되지 않았습니다. 공정 무역은 중간 유통 단계를 없애거나 줄여 생산자의 임금은 높이고 최종 가격은 낮춰, 생산자와 소비자 모두를 보호합니다.

공정 무역의 두 번째 원칙은 노동자에게 **정당한** 대가를 지급하는 것입니다. 코스타리카에 있던 바나나 농장에서는 세계 경제가 어려워져 수출이 줄자 노동자들에게 돈이 아닌 교환권을 지급하거나, 합의 없이 일방적으로 노동자들을 해고했습니다. 반면 공정 무역은 대화와 **협상**을 통해 노동 조건, 최저 임금 등을 결정합니다.

공정 무역의 세 번째 원칙은 어린이의 노동과 강제 노동을 금지하는 것입니다. 코트디부아르의 카카오 농장에서는 저렴한 초콜릿을 생산하기 위해 어린이들에게 임금을 주지 않고 강제로 노동을 시켰습니다. 공정 무역은 이를 금지하고 정당한 계약을 통해서만 노동자를 모집합니다.

이 외에도 공정 무역은 투명한 운영, 올바른 노동 조건 유지, 환경 보호 등 총 10개의 원칙에 따라 이루어지고 있습니다. 생산자와 노동자의 권리를 보호하고, 나라 간의 불공정 무역을 줄여 더 나은 세상을 만들기 위해 노력합니다.

9 공정 무역의 원칙을 정리하며 빈칸에 알맞은 말을 찾아 써 보세요.

첫 번째	[ ] 와 [ ] 가 직접 거래한다.
두 번째	노동자에게 정당한 [ ] 를 지급한다.
세 번째	[ ] 의 노동과 [ ] 노동을 금지한다.

💡 세부 내용을 이해하며 읽기

이해 **10** 이 글의 내용과 일치하지 <u>않는</u> 것에 ∨ 표를 해 보세요.

☐ 공정 무역은 생산자와 노동자의 권리를 보호한다.

☐ 공정 무역의 원칙은 전 세계가 합의한 것으로 총 10개다.

☐ 공정 무역을 통해 생산자의 임금은 높이고 최종 가격은 낮출 수 있다.

추론 **11** 이 글과 <보기>를 통해 짐작한 내용으로 알맞지 <u>않은</u> 것에 ∨ 표를 해 보세요.

<보기>

우간다로 봉사 활동을 간 리즈 보하논은 우간다의 많은 여성이 일자리가 없어서 길에서 지내는 것을 보고, 여성들을 고용하여 신발을 만들기로 했습니다. 이후 그가 만든 신발은 세계 여러 곳에서 판매되어 공정 무역의 대표적인 제품이 되었습니다.

☐ 우간다에서 일하는 여성들은 협상을 통해 최저 임금을 정했을 거야.

☐ 리즈 보하논의 신발은 중간 유통 단계 없이 소비자에게 직접 판매될 거야.

☐ 신발을 만드는 여성들은 모두 10세 이하의 어린이들로 구성되어 있을 거야.

✏️ 서술형

이해 **12** 공정 무역의 원칙을 생각하며 밑줄에 들어갈 말을 이 글에서 찾아 써 보세요.

공정 무역을 하는 농장은 협상을 통해 _____

하기 때문에 갑자기 해고될 걱정 없이 정당한 월급을 받으며 일할 수 있습니다.

정답과 해설 23쪽

[1~6]　다음 뜻풀이에 알맞은 어휘를 오른쪽 글 상자에서 찾아 동그라미 해 보세요.

1. 의견이나 문제를 내놓음.

2. 손에 들어옴. 또는 손에 넣음.

3. 자원이나 물질 등이 다 써서 없어지다.

4. 조직이나 집단에서 투표를 통해 대표자를 뽑음.

5. 인간이 생활하는데 필요한 각종 물건을 만들어 냄.

6. 어떤 물건이나 서비스를 일정한 가격으로 사려는 욕구.

발	표	대	화	충	선
수	교	류	입	안	거
요	육	악	수	정	환
마	제	기	음	화	해
무	거	고	갈	되	다
리	생	산	나	물	중

[7~10]　밑줄 친 어휘와 뜻이 비슷한 어휘를 <보기>에서 골라 괄호 안에 써 보세요.

<보기>	헌신	독점	개정	바치다

7. 국가 유공자는 나라를 위해 삶을 **희생**한 분들을 말한다. 　　　(　　　　)

8. 그 기관은 지난달에 발표한 내용을 고친 **정정** 발표문을 냈다. 　　　(　　　　)

9. 나는 나라를 위해 목숨을 **내놓고** 싸우는 군인들에게 편지를 썼다. 　　　(　　　　)

10. 영화 하나가 모든 상영관을 **독차지**하고 있어 다른 선택권이 없었다. 　　　(　　　　)

[11~13]　빈칸에 들어갈 알맞은 어휘에 ○ 표를 해 보세요.

11. 최근 한 젊은 화가가 　주목할　 지목할　 만한 예술가로 떠올랐다.

12. 로알 아문센은 남극을 탐험하겠다는 어릴 적 꿈을 　실현　 표현　했다.

13. 경찰은 많은 사람을 　해친　 해진　 살인자를 잡기 위해 최선을 다했다.

14. <보기>의 괄호 안에 들어갈 어휘가 <u>아닌</u> 것을 골라 보세요. (   )

<보기>
- 이 수학 문제는 너무 어려워서 답이 (   ).
- 갈등은 서로에 대한 이해가 부족할 때 (   ).
- 마음이 약한 그는 다른 사람의 의견에 쉽게 (   ).
- 수면 부족이 식욕을 높인다는 점에서 수면과 비만은 관계가 (   ).

① 휩쓸린다   ② 헷갈린다   ③ 밀접하다   ④ 일어난다   ⑤ 신성하다

[15~18] 괄호 안에 들어갈 알맞은 어휘를 <보기>에서 골라 써 보세요.

<보기>   공정   협상   정당   부과

(15.   ) 무역은 생산자의 노동에 (16.   )한 대가를 지급하고, 소비자에게 질 좋은 제품을 공급하는 무역 방식을 말합니다. 소비자와 직접 거래하여 이익을 내고 그 이익을 생산자에게 돌려줍니다. 또한 서로 (17.   )을 통해 중간 유통 단계에서 (18.   )되는 각종 비용을 줄입니다.

[19~21] 주어진 어휘를 활용하여 문장을 만들어 보세요.

19. 기후 → _____

20. 거치다 → _____

21. 앞다투다 → _____

찬성과 반대 의견

개념 적용 1. '학생은 교복을 착용해야 한다'라는 주제로 토론을 할 때, 찬성과 반대 의견으로 각각 알맞은 것을 <보기>에서 골라 그 기호를 써 보세요.

<보기>　　㉠ 비싼 가격의 교복은 가계에 부담이 된다.

㉡ 교복은 학생이 개성을 표현하는 데 방해가 된다.

㉢ 교복은 같은 학교 학생끼리 일체감과 단결심을 느끼게 해 준다.

㉣ 옷에 따라 행동이 달라지듯이, 단정한 교복을 입으면 바른 행실을 갖게 된다.

(1)　찬성 측 의견 : (　　　　　　　)

(2)　반대 측 의견 : (　　　　　　　)

맞춤법 2. 아래 표를 보고 주어진 문장의 맞춤법이 맞으면 ○, 틀리면 × 표를 해 보세요.

해치다	헤치다
■ 어떤 상태에 손상을 입혀 망가지게 하다. 　㉐ 분위기를 **해치다**. ■ 사람의 마음이나 몸에 해를 입히다. 　㉐ 건강을 **해치다**. ■ 다치게 하거나 죽이다. 　㉐ 사람을 **해치다**.	■ 속에 든 것이 겉으로 드러나도록 덮인 부분을 파거나 젖히다. 　㉐ 흙을 **헤치다**. ■ 모인 것을 따로따로 흩어지게 하다. 　㉐ 군중을 **헤치다**. ■ 어려움을 이겨 나가다. 　㉐ 고난을 **헤치다**.

(1)　나에게 닥친 어려움을 **해쳐** 나가서 성숙한 사람이 될 것이다.　　　　　(　　　)

(2)　주말을 맞아 옷장 정리를 하다가 옷 더미를 **헤치니** 지갑이 나왔다.　　　(　　　)

(3)　의사는 무리한 운동을 하면 오히려 건강을 **해칠** 수 있으니 주의하라고 말했다.(　　　)

　　우리 조상들은 자연과 동식물의 모습을 보고 날씨를 예측하곤 했답니다. 조상들의 지혜를 느낄 수 있는 날씨와 관련된 속담을 알아볼까요?

● 가을 무 꽁지가 길면 겨울이 춥다

　겨울이 유난히 추운 해에는 가을 무가 겨울을 보낼 준비를 하려고 뿌리를 길게 내린다는 말입니다.

● 제비가 땅 가까이 날면 비가 내린다

　공기에 습기가 많으면 곤충은 날개가 무거워져서 높이 날지 못하고 땅 가까이에서 날아다닙니다. 그리고 이러한 곤충을 잡아먹는 제비도 낮게 날아다니게 됩니다. 이 모습을 보면 곧 비가 내릴 것을 추측할 수 있다는 말입니다.

● 소리가 잘 들리면 곧 비가 내린다

　비가 오기 전에는 기온이 낮아지고 공기의 움직임이 느려집니다. 그래서 소리가 흩어지지 않고 잘 들립니다. 이 현상을 통해 비가 내릴 것을 예상할 수 있다는 말입니다.

● 거미가 줄을 치면 날씨가 좋다

　날씨가 흐리면 곤충들이 활동하지 않고 거미도 줄을 치지 않습니다. 반면에 날씨가 맑으면 거미가 줄을 칩니다. 이러한 거미의 행동을 통해 날씨가 좋을 것이라 짐작할 수 있다는 말입니다.

● 벚꽃이 일찍 피면 풍년이다

　봄에 피는 벚꽃이 일찍 피었다는 것은 봄이 빨리 왔다는 것이므로, 농작물도 따뜻한 봄 기온의 영향을 받아 잘 자랄 수 있다는 말입니다.

과학
수학

★ 확인 학습　　어휘 복습하기 + 실력 더하기 : 여러 가지 설명 방법

★ 쉬어가기　　식물에 관한 속담

교과 연계
과학 6-1
지구와 달의 운동

교과 융합
과학 ★ 사회

11
조선의 천체 관측 기구, 혼천의
설명문

정답과 해설 24쪽

**어휘로
만나기**

1 빈칸에 들어갈 알맞은 어휘를 골라 써 보세요.

(천문) (절기) (정교하다) (수월하다) (짓다)

■ 아버지께서는 벼농사를 [어] 우리 남매를 키우셨다.

ㄸ 논밭을 다루어 농사를 하다.

■ 입춘은 봄이 시작하는 것을 알리는 [   ]다.

ㄸ 일 년을 스물넷으로 나눈 계절의 구분.

■ 날씨가 시원해지면 밖에서 일하기가 [할] 것이다.

ㄸ 까다롭거나 힘들지 않아 하기가 쉽다.

■ 혼천의를 보면 조선 시대의 [   ] 관측 기술을 짐작할 수 있다.

ㄸ 우주와 천체의 온갖 현상과 법칙성.

■ 보석을 아름답게 다듬으려면 매우 [한] 기술이 필요하다.

ㄸ 솜씨나 기술 따위가 빈틈이 없이 자세하고 뛰어나다.

＊**천문** 하늘 天 학문 文 ＊**절기** 마디 節 기운 氣 ＊**정교** 뛰어날 精 교묘할 巧

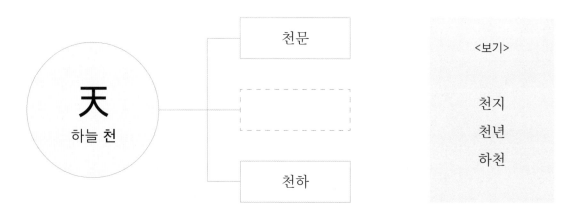

천문

天
하늘 천

천하

<보기>

천지
천년
하천

유의어
반의어 **3** 두 어휘의 뜻이 서로 비슷하면 =, 반대이면 ↔ 표를 해 보세요.

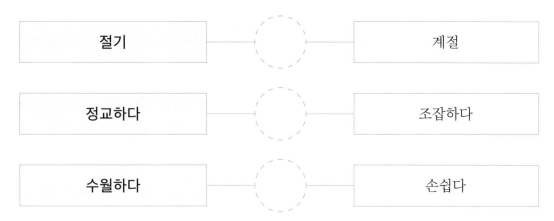

| 절기 | ◯ | 계절 |

| 정교하다 | ◯ | 조잡하다 |

| 수월하다 | ◯ | 손쉽다 |

다의어 **4** 밑줄 친 어휘에 알맞은 뜻을 찾아 선으로 이어 보세요.

철호의 오랜 꿈은
시골에서 농사를
짓는 것이다.

논밭을 다루어
농사를 하다.

아이들이 교실에
줄을 **지어** 얌전히
앉아 있었다.

한데 모여 줄이나
대열 따위를 이루다.

**짧은 글로
만나기**

　아주 옛날 서양에서는 사람이 태어난 시기에 해당하는 별의 위치에 따라 그 사람의 성격이나 미래를 알 수 있다고 믿었습니다. 오늘날까지도 별자리는 성격이나 운세를 추측하는 데 사용되곤 합니다.

　별자리는 밝은 별을 중심으로 여러 개의 별을 이어서 모양을 만들고, 사물이나 동물, 신화 속 인물 등의 이름을 붙인 것을 말합니다. 수천 년 전 메소포타미아 지역에 살고 있던 사람들에 의해 처음으로 만들어졌다고 전해집니다. 현재는 국제**천문**연맹에서 정한 88개의 별자리가 공식적인 별자리로 인정받고 있습니다. 사람들이 주로 별자리 운세를 볼 때 확인하는 황소자리, 물병자리 등의 별자리뿐만 아니라 안드로메다자리, 카시오페이아자리, 바다뱀자리 등 별자리의 종류는 다양합니다.

`이해` **5**　빈칸에 들어갈 알맞은 말을 이 글에서 찾아 써 보세요.

옛날 서양에서는 사람이 태어난 시기에 해당하는 별의 ⬚⬚ 에 따라

사람의 ⬚⬚ 이나 ⬚⬚ 를 알 수 있다고 믿었다.

`이해` **6**　별자리에 대한 설명으로 알맞지 <u>않은</u> 것에 ∨ 표를 해 보세요.

☐ 현재 88개가 공식적인 별자리로 인정받고 있다.

☐ 메소포타미아의 사람들이 처음 만들었다고 전해진다.

☐ 지금은 과학 기술이 발전해서 사용되는 경우가 거의 없다.

봄철 밤하늘에서 볼 수 있는 사자자리를 가을철 밤하늘에서는 찾아볼 수 없습니다. 계절이나 ㉠절기에 따라 지구에서 볼 수 있는 별자리가 달라지는 까닭은 무엇일까요?

그 까닭은 지구가 태양을 중심으로 일 년에 한 바퀴씩 서쪽에서 동쪽으로 회전하는 공전을 하기 때문입니다. 지구가 태양의 주위를 돌면서 위치가 조금씩 바뀌면, 지구에서 보이는 별자리의 위치도 조금씩 달라집니다. 그리고 지구에서는 태양과 같은 방향에 있지 않은 별자리만 보이고, 태양과 같은 방향에 있는 별자리는 볼 수 없습니다. 별자리가 태양과 같은 방향에 있으면 별보다 더 밝은 태양에 가려 보이지 않기 때문입니다.

어휘 **7** ㉠의 쓰임이 알맞지 <u>않은</u> 것에 ∨ 표를 해 보세요.

☐ **절기**가 초겨울로 접어드는지 잎이 전부 떨어지고 있다.

☐ 경칩은 개구리가 겨울잠에서 깨어나 꿈틀거린다는 **절기**다.

☐ **절기**가 되면 고향을 찾아가는 사람들로 지하철역이 북적인다.

이해 **8** 이 글의 내용과 일치하는 것에 ○, 일치하지 않는 것에 × 표를 해 보세요.

■ 지구는 태양을 중심으로 하루에 한 바퀴씩 돈다. ( )

■ 봄철이나 가을철에 볼 수 있는 별자리는 동일하다. ( )

■ 지구에서는 태양과 같은 방향에 있는 별자리는 볼 수 없다. ( )

독/해/원/리 **분석하며 읽기**

분석은 하나의 대상을 여러 부분으로 나누어 부분별로 설명하는 방법을 말해요. 하나의 중심 소재를 어떤 항목으로 나누고, 각 부분을 어떻게 설명하고 있는지 살피며 글을 읽어 보세요.

다음 글을 자세히 읽고, 질문에 답해 보세요. [9~12]　　⏱ 읽은 시간 : _____ 분

긴 글로 만나기

조선의 천체 관측 기구, 혼천의

설명문

　　조선 시대에는 대부분의 백성이 농사를 **지으며** 생활했습니다. 농사는 날씨의 영향을 많이 받기 때문에 날씨를 예측하는 일이 중요합니다. 날씨를 예측하면 날씨에 대비해 더 효율적으로 농사를 지을 수 있고, 농사에 피해를 줄일 수 있기 때문입니다. 그래서 그 당시 사람들은 중국의 달력을 보고 계절을 구분해 주는 **절기**를 예측해 농사를 지었지만, 우리나라의 날씨와는 맞지 않아 어려움을 겪었습니다.

　　세종대왕은 이와 같은 문제를 해결하기 위해 혼천의를 만들었습니다. 혼천의는 태양이나 달, 별자리의 위치와 움직임을 관측하기 위해 사용되었던 천체 관측 기구를 말합니다. 고대 중국에서 처음 만들어진 혼천의는 고대 동아시아뿐만 아니라 서양에서도 사용되었습니다. 역사 기록에 의하면 1433년에 세종대왕과 장영실, 이천 등 여러 명의 과학자가 함께 우리나라만의 혼천의를 만들었다고 전해집니다.

　　혼천의는 가운데에 지구를 나타낸 모형이 있고, 그 주변을 태양과 달 등의 행성이 도는 형태로 구성되어 있습니다. 그리고 중심에 있는 지구의 자전축[*]에 시계 장치를 연결해서 물레바퀴의 힘으로 하루에 한 바퀴씩 별자리의 움직임에 맞춰 돌아가도록 만들어졌습니다.

　　조선 시대에는 일종의 **천문** 시계 역할을 하는 혼천의를 통해 시간의 흐름과 절기를 파악할 수 있었습니다. 이는 우리나라의 달력을 만드는 데 큰 도움을 주었고, 자연스럽게 농사의 발전으로도 이어졌습니다. 백성들은 혼천의 덕분에 절기마다 그에 맞는 농사 준비를 하며 한결 **수월하게** 농사를 지을 수 있었습니다.

　　별들의 움직임뿐만 아니라 계절과 날짜, 시간까지도 잴 수 있었던 혼천의는 조선의 천문학이 발전하는 데 도움을 준 중요한 기구였습니다. 혼천의 외에도 장영실은 천문을 관측하고 시간을 측정하기 위해 해시계인 앙부일구, 물시계인 자격루, 그리고 혼천의를 간단하게 줄여서 만든 간의를 개발했습니다. 이를 통해 조선의 과학 기술이 매우 **정교하고** 높은 수준이었다는 것을 알 수 있습니다.

* **자전축** : 천체가 스스로 회전할 때 그 중심이 되는 축.

분석하며 읽기

구조 **9** 혼천의를 분석하며 빈칸에 알맞은 말을 찾아 써 보세요.

만든 사람	세종대왕과 [　　　], 이천 등의 과학자들이 함께 만듦.
원리	물레바퀴의 힘으로 [　　　]의 움직임에 맞춰 돌아감.
역할	시간의 흐름과 [　　　]를 파악하는 데 쓰임.

이해 **10** 혼천의에 대해 알맞지 <u>않은</u> 설명을 한 친구의 이름을 써 보세요. (　　　)

- 하정 : 달력을 만드는 데 큰 도움을 주었어.

- 동원 : 조선 시대에 천문 시계 역할을 했어.

- 윤아 : 농사의 발전으로까지는 이어지지 못했어.

추론 **11** 이 글과 <보기>를 통해 짐작한 내용으로 알맞지 <u>않은</u> 것에 ∨ 표를 해 보세요.

<보기>

　　장영실은 새로운 기구를 발명하는 데 재주가 있었으나 노비의 신분이었습니다. 세종대왕은 그런 장영실에게 벼슬을 주어 다양한 발명품을 만들게 했습니다.

☐ 혼천의는 장영실이 세계에서 처음으로 만든 우리나라의 자랑스러운 천체 관측 기구야.

☐ 다양한 발명품이 만들어진 것을 보면 세종대왕은 과학에 관심이 많은 사람이었을 거야.

☐ 당시에 노비의 신분은 신하로 뽑기 어려웠기 때문에 세종대왕이 장영실에게 벼슬을 내린 거 같아.

서술형
이해 **12** 조선 시대 사람들이 농사에 어려움을 겪었던 까닭을 이 글에서 찾아 써 보세요.

조선 시대 사람들은 중국의 달력을 보고 절기를 예측해 농사를 지었지만, _____

_____ 때문에 농사에 어려움을 겪었습니다.

12 탄산음료 캔 바닥이 오목한 까닭
설명문

정답과 해설 26쪽

어휘로 만나기

1 빈칸에 들어갈 알맞은 어휘를 골라 써 보세요.

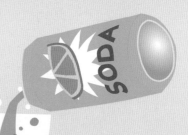

| 압력 | 팽창 | 분산 | 오목하다 | 견디다 |

■ 온도가 높아지면 기체는 [   ]한다.

（뜻） 부풀어서 부피가 커짐.

■ 아치형 다리는 다리 위의 무게를 [   ] 시켜 준다.

（뜻） 갈라져 흩어짐.

■ 웃을 때마다 [게] 들어가는 그의 보조개가 매력적이다.

（뜻） 가운데가 동그스름하게 폭 패거나 들어가 있는 상태이다.

■ 바닷속 깊이 들어갈수록 [   ]이 높아진다.

（뜻） 누르는 힘.

■ 나뭇가지가 눈의 무게를 [지] 못하고 부러졌다.

（뜻） 열이나 압력 등을 받으면서도 원래의 상태를 유지하다.

---

* **압력** 누를 壓 힘 力   * **팽창** 부풀 膨 부풀 脹   * **분산** 나눌 分 흩을 散

밑줄 친 어휘 중 주어진 한자가 쓰이지 <u>않은</u> 것에 ∨ 표를 해 보세요.

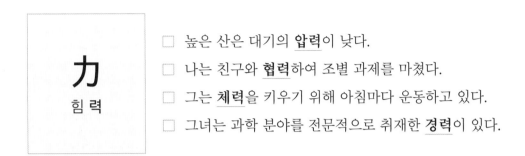

力
힘 력

☐ 높은 산은 대기의 **압력**이 낮다.

☐ 나는 친구와 **협력**하여 조별 과제를 마쳤다.

☐ 그는 **체력**을 키우기 위해 아침마다 운동하고 있다.

☐ 그녀는 과학 분야를 전문적으로 취재한 **경력**이 있다.

유의어
반의어 **3** 두 어휘의 뜻이 서로 비슷하면 =, 반대이면 ↔ 표를 해 보세요.

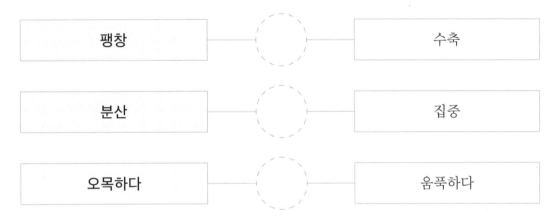

팽창	◯	수축
분산	◯	집중
오목하다	◯	움푹하다

다의어 **4** 밑줄 친 어휘에 알맞은 뜻을 찾아 선으로 이어 보세요.

그는 고통을 **견디고** 시련을 극복했다.

힘들거나 어려운 것을 참고 버티어 살아 나가다.

이 집은 화재를 잘 **견디는** 소재로 만들어졌다.

열이나 압력 등을 받으면서도 원래의 상태를 유지하다.

**짧은 글로
만나기**

공기는 여러 가지 기체가 섞여 있는 혼합물입니다. 공기는 대부분 질소와 산소로 이루어져 있으며, 이 밖에도 여러 종류의 기체가 섞여 있습니다. 이 기체들은 우리 생활에서 다양하게 이용됩니다.

질소는 과자 봉지 안에 든 내용물을 보존하는 데 이용됩니다. 산소는 산소통과 같은 호흡 장치에 이용됩니다. 이산화 탄소는 탄산음료와 자동 ㉠**팽창**식 구명조끼에 이용됩니다. 수소는 전기를 만드는 데 이용되어 수소 자동차나 수소 자전거를 움직이게 합니다. 네온은 조명 기구나 광고판에 들어가 특유의 빛을 만들어 냅니다. 헬륨은 비행선, 풍선, 기구 등에 넣어 이용되기도 하고 냉각제로도 쓰입니다.

어휘 **5** ㉠의 쓰임이 알맞지 <u>않은</u> 것에 ∨ 표를 해 보세요.

☐ 세탁기에 옷을 빨았더니 **팽창**하여 작아졌다.

☐ 음식을 허겁지겁 많이 먹었더니 배가 **팽창**되었다.

☐ 하늘 위로 올라간 색색의 풍선이 **팽창**하다가 터졌다.

추론 **6** 기체를 이용한 사례로 알맞지 <u>않은</u> 것에 ∨ 표를 해 보세요.

☐ 어두운 곳에서도 잘 보이는 간판을 만들기 위해 네온을 넣는다.

☐ 과자를 바삭하게 보관하기 위해 과자 봉지 안에 산소를 넣는다.

☐ 물놀이에 사용하는 자동 팽창식 구명조끼에 이산화 탄소를 넣는다.

영국의 과학자 보일은 '온도가 일정할 때 기체의 부피는 　⏴　 에 반비례*한다'라는 법칙을 발견했습니다. **압력**이 커지면 기체의 부피는 줄고, 압력이 작아지면 기체의 부피가 늘어나는 것입니다. 풍선이 하늘 위로 올라가면 터지는 것, 비행기를 타고 상공으로 올라가면 귀가 먹먹해지는 것, 높은 산에 올라가면 과자 봉지가 팽팽해지는 것 등이 '보일의 법칙'과 관련이 있습니다.

프랑스의 물리학자 샤를은 '압력이 일정할 때 기체의 부피는 온도에 비례한다'라는 법칙을 발견했습니다. 온도가 높아지면 기체의 부피가 늘어나고, 온도가 낮아지면 기체의 부피는 줄어드는 것입니다. 여름철에 자동차를 타고 도로를 달리면 타이어가 팽팽해지는 것, 열기구의 풍선 속 기체를 가열하면 풍선이 크게 부풀어 오르는 것 등이 '샤를의 법칙'과 관련이 있습니다.

* **반비례** : 한쪽의 양이 커질 때 다른 쪽 양이 그와 같은 비로 작아지는 관계.

어휘　**7**　㉠에 들어갈 어휘로 가장 알맞은 것에 ○ 표를 해 보세요.

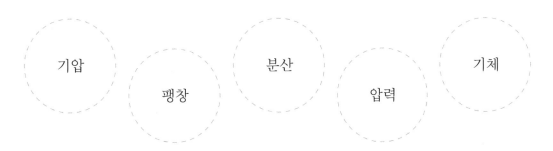

기압　　팽창　　분산　　압력　　기체

이해　**8**　이 글의 내용과 일치하는 것에 ○, 일치하지 않는 것에 × 표를 해 보세요.

- 기체는 온도에 따라 부피가 달라진다. 　　　　　(　　)
- 온도가 일정할 때 압력이 커지면 기체의 부피는 늘어난다. 　(　　)
- 압력이 일정할 때 온도가 높아지면 기체의 부피는 늘어난다. 　(　　)

독/해/원/리 **질문을 만들며 읽기**

글을 읽으면서 글쓴이가 말하려는 내용이 무엇인지, 어떻게 전개될지, 궁금한 내용은 무엇인지 등 질문을 만들어 보면 내용을 더 정확하고 폭넓게 이해할 수 있어요.

다음 글을 자세히 읽고, 질문에 답해 보세요. [9~12]　　　　　　　읽은 시간 : _____ 분

긴 글로 만나기

탄산음료 캔 바닥이 오목한 까닭　　설명문

　우리가 즐겨 마시는 탄산음료는 이산화 탄소를 물에 녹여 만든 음료입니다. 우리가 생활하는 대기압*에서는 이산화 탄소가 물에 녹는 양이 적어 탄산음료를 만들기 어렵습니다. 그래서 공장에서 탄산음료를 만들 때는 높은 **압력**을 가해서 이산화 탄소를 음료에 녹입니다. ㉠기체의 용해도*는 압력이 높을수록 증가하기 때문에 높은 압력을 가하면 이산화 탄소를 더 많이 녹일 수 있습니다.

　우리가 음료를 마시려고 캔 마개를 따면, 캔 안쪽의 압력이 낮아지면서 이산화 탄소가 음료에서 빠져나오게 됩니다. 탄산음료를 따르면 나오는 거품은 음료에 녹아 있던 이산화 탄소가 빠져나온 것입니다.

　이처럼 탄산음료 캔 안쪽의 압력은 높고, 이산화 탄소는 음료에서 계속 빠져나오려고 합니다. 빠져나오려는 이산화 탄소의 힘은 캔 안쪽의 벽으로 향합니다. 특히 온도가 높아지면 이산화 탄소가 음료 밖으로 나가려는 힘이 더욱 세집니다. 이 힘 때문에 캔 안쪽의 압력은 더 높아지게 되고, 캔의 모양이 변형될 수 있습니다.

　캔 바닥은 이러한 힘과 압력을 가장 많이 받는 부분입니다. 만약 캔 바닥이 평평하다면 높은 압력으로 인해 캔이 **팽창**하면서 바닥이 볼록하게 튀어나올 수도 있습니다. 하지만 탄산음료 캔의 바닥은 **오목하게** 들어가 있어서 높은 압력을 잘 **견딜** 수 있습니다. 탄산음료 캔 바닥처럼 가운데가 활처럼 굽은 모양의 구조를 '아치'라고 합니다. 아치는 위에서 수직으로 누르는 힘을 받으면 그 힘을 양옆으로 **분산**시켜 높은 압력을 잘 견딜 수 있습니다.

　이러한 아치는 우리 주변에서 쉽게 찾을 수 있습니다. 높은 압력의 기체를 담고 있는 스프레이 통 바닥은 내부 압력을 견디기 위해 오목한 모양을 하고 있습니다. 사람의 발바닥도 가운데가 오목한 모양으로, 몸무게를 잘 분산시켜 발이 몸무게를 쉽게 지탱할 수 있게 합니다. 건설 자재가 발달하지 못했던 옛날에 다리를 아치형으로 만들어 무거운 무게를 잘 견딜 수 있게 한 것도 같은 까닭입니다.

* **대기압** : 대기의 압력.
* **용해도** : 일정한 온도에서 일정한 양의 액체에 녹을 수 있는 물질의 최대 양.

9 이 글의 내용과 일치하지 <u>않는</u> 것을 골라 보세요. ( )

① 탄산음료 캔 내부 압력은 대기압보다 높다.

② 탄산음료는 이산화 탄소를 물에 녹여 만든 음료를 말한다.

③ 이산화 탄소가 물에 녹는 양은 온도가 높을수록 증가한다.

④ 탄산음료 캔 바닥은 오목해서 높은 내부 압력을 잘 견딜 수 있다.

⑤ 아치는 위에서 수직으로 누르는 힘을 받으면 양옆으로 힘을 분산시킨다.

💡 질문을 만들며 읽기

추론 **10** 이 글을 읽고 답을 찾을 수 <u>없는</u> 질문을 골라 보세요. ( )

① 탄산음료 캔 바닥이 평평하다면 어떻게 될까?

② 탄산음료를 따르면 거품이 생기는 까닭은 무엇일까?

③ 탄산음료 캔 안에 이산화 탄소 외에 어떤 기체가 있을까?

④ 우리 생활에서 아치가 이용된 사례는 어떤 것들이 있을까?

⑤ 아치 구조의 다리가 무게를 견딜 수 있는 까닭은 무엇일까?

추론 **11** ㉠의 내용을 나타낸 그래프로 알맞은 것에 ∨ 표를 해 보세요.

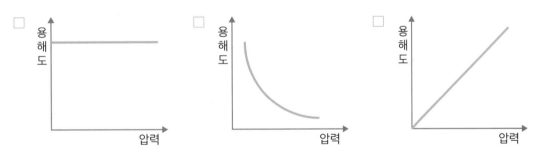

✏️ 서술형

이해 **12** 탄산음료 캔 바닥이 오목한 까닭을 이 글에서 찾아 써 보세요.

탄산음료 캔 바닥은 캔 안쪽의 높은 _____

위해 오목한 모양을 갖고 있습니다.

13 미모사는 왜 부끄러워할까?

설명문

정답과 해설 28쪽

어휘로 만나기

1 빈칸에 들어갈 알맞은 어휘를 골라 써 보세요.

| 양분 | 도달 | 읊다 | 오므리다 | 처지다 |

■ 목적지에 [   ]하려면 부지런히 움직여야 한다.

뜻 목적한 곳이나 수준에 다다름.

■ 그녀는 눈을 동그랗게 뜨고 입술을 [   ]는 버릇이 있다.

뜻 벌어져 있던 것의 끝부분을 한곳으로 모으다.

■ 식물은 빛, 이산화 탄소, 물을 이용하여 스스로 [   ]을 만든다.

뜻 영양이 되는 성분.

■ 나는 고운 목소리로 시를 [   ]는 그를 물끄러미 바라보았다.

뜻 억양을 넣어서 소리를 내어 시를 읽거나 외다.

■ 미모사의 잎을 손으로 만지자 팽팽했던 잎이 [졌다   ].

뜻 위에서 아래로 축 늘어지다.

---

* **양분** 기를 養 나눌 分   * **도달** 다다를 到 이를 達

밑줄 친 어휘 중 주어진 한자가 쓰이지 <u>않은</u> 것에 V 표를 해 보세요.

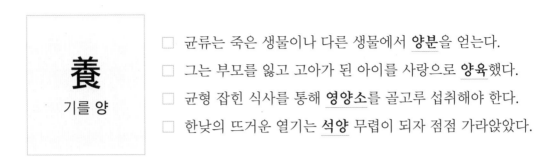

養
기를 양

☐ 균류는 죽은 생물이나 다른 생물에서 **양분**을 얻는다.

☐ 그는 부모를 잃고 고아가 된 아이를 사랑으로 **양육**했다.

☐ 균형 잡힌 식사를 통해 **영양소**를 골고루 섭취해야 한다.

☐ 한낮의 뜨거운 열기는 **석양** 무렵이 되자 점점 가라앉았다.

유의어 반의어 **3** 두 어휘의 뜻이 서로 비슷하면 =, 반대이면 ↔ 표를 해 보세요.

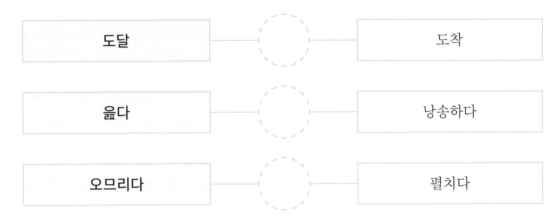

도달	◯	도착
읊다	◯	낭송하다
오므리다	◯	펼치다

다의어 **4** 밑줄 친 어휘에 알맞은 뜻을 찾아 그 기호를 써 보세요.

| 처지다 | ㉠ 위에서 아래로 축 늘어지다. |
| | ㉡ 뒤에 남게 되거나 뒤로 떨어지다. |

(1) 두꺼운 이불을 널었더니 빨랫줄이 아래로 **처졌다**. ( )

(2) 몇 차례 수업을 빠졌더니 친구들보다 성적이 **처졌다**. ( )

**짧은 글로
만나기**

식물은 뿌리, 줄기, 잎, 꽃, 열매로 이루어져 있습니다. 각 부분은 식물마다 생김새가 다양하지만 저마다 하는 일은 비슷합니다.

뿌리는 물을 흡수하고 식물을 지지합니다. 뿌리에 있는 뿌리털은 물을 더욱 잘 흡수하도록 도와줍니다. 줄기는 식물을 지지하고 뿌리에서 흡수한 물이 지나가는 통로 역할을 합니다. 물이 줄기를 통해 잎으로 올라가면, 잎은 그 물을 이용해 광합성을 합니다. 물, 이산화 탄소, 빛을 이용해 스스로 ㉠**양분**을 만드는 것입니다. 만들어진 양분은 줄기를 통해 식물 전체로 퍼집니다. 잘 자란 식물에 꽃이 피면, 꽃은 씨를 만드는 일을 합니다. 꽃이 지면 열매가 열립니다. 열매는 씨가 익으면 다양한 방법으로 씨를 멀리 퍼뜨리는 역할을 합니다.

어휘 **5** 밑줄 친 어휘가 ㉠과 같은 뜻으로 쓰인 것에 ∨ 표를 해 보세요.

☐ 학년마다 의견이 달라서 결국 두 곳으로 **양분**이 되었다.

☐ 할머니 텃밭의 흙에는 **양분**이 많아서 옥수수가 잘 자란다.

☐ 의견이 제도에 찬성하는 쪽과 반대하는 쪽으로 **양분**이 되었다.

이해 **6** 이 글의 내용과 일치하는 것에 ∨ 표를 해 보세요.

☐ 줄기는 잎에서 만든 양분을 식물 전체로 보낸다.

☐ 열매는 씨를 만들고 씨가 익으면 멀리 퍼뜨리는 일을 한다.

☐ 잎은 땅속의 물을 흡수하고 식물이 쓰러지지 않도록 지지한다.

줄기는 식물을 지지하는 부분으로, 뿌리와 잎이 이어져 있습니다. 줄기는 식물의 종류에 따라 생김새가 다양합니다. 소나무처럼 굵고 거친 줄기도 있고, 고구마처럼 가늘고 매끈한 줄기도 있습니다.

줄기는 뿌리에서 흡수한 물이 잎과 꽃으로 이동하는 통로이기도 합니다. 하얀 백합을 빨간 색소 물에 담가 놓으면 물이 어디로 이동하는지 눈으로 확인할 수 있습니다. 4시간 뒤에 꽃을 꺼내 줄기 단면을 잘라 보면 붉게 물든 부분이 보입니다. 이 부분이 물이 이동하는 통로입니다. 또 하얀 꽃잎이 군데군데 빨갛게 물든 것을 볼 수 있습니다. 이를 통해 물이 줄기를 통해 위로 올라가 꽃잎에 ㉠**도달**한 것을 알 수 있습니다.

어휘 **7** ㉠의 쓰임이 알맞지 <u>않은</u> 것에 ∨ 표를 해 보세요.

☐ 원어민과 자유롭게 대화하려면 회화 수준이 중급에는 **도달**해야 한다.

☐ 두 회사는 3시간 동안 끈질기게 회의한 끝에 다행히 합의점에 **도달**했다.

☐ 그는 지난번 시험을 망친 것은 잊고 새로운 **도달**을 시작하리라 다짐했다.

이해 **8** 이 글의 내용과 일치하는 것에 ○, 일치하지 않는 것에 × 표를 해 보세요.

■ 줄기는 잎과 이어져 있고 물이 이동하는 통로다. ( )

■ 줄기는 물을 흡수하여 뿌리로 전달하는 역할을 한다. ( )

■ 줄기의 생김새는 식물의 크기와 밀접한 관련이 있다. ( )

독/해/원/리 **중심 내용을 파악하며 읽기**

중심 내용은 글쓴이가 이야기하고자 하는 핵심적인 내용이에요. 중심 내용을 파악하면 글의 주제를 쉽게 이해할 수 있어요. 글에 자주 나오는 낱말을 살펴보면 중심 내용을 파악하기 쉽답니다.

다음 글을 자세히 읽고, 질문에 답해 보세요. [9~12]　　　🕑 읽은 시간 : _____ 분

**긴 글로
만나기**

미모사는 왜 부끄러워할까?

설명문

　미모사는 잎을 만지면 고개를 숙이며 스르르 잎을 **오므리는** 신비한 식물입니다. 미모사의 이름은 그리스 신화에 등장하는 미모사 공주에게서 유래했습니다. 아름다운 미모를 가진 미모사 공주는 건방지고 겸손을 몰랐습니다. 공주가 걱정스러웠던 왕은 공주에게 물었습니다 "공주, 네가 가진 것 중에 무엇이 가장 소중하다고 생각하느냐." 미모사 공주는 대답했습니다. "저의 누구보다도 아름다운 외모와 뛰어난 노래 실력입니다. 저보다 뛰어난 사람은 이 세상에 없습니다."

　그 말을 들은 왕은 자신을 최고라고 생각하는 공주의 마음이 가장 아름답지 못하다고 꾸짖었습니다. 화가 나 궁 밖으로 뛰쳐나간 공주는 어디선가 들리는 리라* 선율을 따라갔습니다. 소리가 나는 쪽으로 가자, 그곳에는 양치기 소년으로 변신한 아폴론 신이 아홉 명의 소녀와 리라를 연주하며 시를 **읊고** 있었습니다. 공주는 너무나 아름다운 소년의 모습과 목소리에 처음으로 창피함과 부끄러움을 느꼈습니다. 소년과 눈이 마주친 미모사 공주는 그 자리에서 한 포기의 풀이 되어버렸습니다. 소년이 다가가 만지자 미모사는 부끄러워 고개를 숙이고 잎을 오므렸습니다.

　부끄러워하는 미모사의 모습에는 과학적 원리가 숨어 있습니다. 미모사는 줄기를 통해 잎으로 **도달**한 물을 잎과 줄기를 연결하고 있는 '엽침'*이라는 곳에 저장합니다. 평소에는 엽침의 윗부분과 아랫부분에 물이 모여 있어 압력에 의해 잎이 팽팽하게 펴져 있습니다. 하지만 잎을 만지면 엽침에 있던 물이 이동하여 윗부분과 아랫부분의 압력이 달라지기 때문에 잎이 **처지거나** 오므라듭니다.

　이러한 미모사의 잎 운동은 스스로를 지키는 생존 방식이기도 합니다. 초식 동물이나 벌레가 미모사를 먹으려고 건드리면, 잎을 오므려 시든 것처럼 보이기 때문에 잡아먹힐 위험에서 벗어날 수 있습니다. 또 빛이 없는 밤에는 자극이 없어도 잎을 오므려 수분 손실을 최소화하고, 낮에는 잎을 활짝 벌려 광합성을 하며 스스로 필요한 **양분**을 만듭니다.

─────────

＊**리라** : 고대 그리스의 작은 현악기로, 하프와 비슷하다. 줄을 손가락으로 뜯어서 연주한다.
＊**엽침** : 잎과 줄기가 연결된 곳에 있는 두툼한 부분. 잎의 운동에 관여한다.

주제 **9** 이 글의 중심 내용으로 가장 알맞은 것에 ∨ 표를 해 보세요.

☐ 식물이 광합성을 하는 까닭

☐ 미모사가 잎을 오므리는 다양한 상황

☐ 미모사 이름의 유래와 미모사가 움직이는 원리

이해 **10** 이 글의 내용과 일치하지 않는 것을 골라 보세요. ( )

① 미모사를 만지면 엽침에 있던 물이 다른 곳으로 간다.
② 미모사는 밤이 되면 광합성을 하기 위해 잎을 활짝 핀다.
③ 식물 미모사는 그리스 신화의 미모사 공주에서 유래된 이름이다.
④ 미모사는 스스로 잎을 움직여 동물에게 먹히는 위험에서 벗어날 수 있다.
⑤ 미모사 공주는 아폴론 신을 보고 자신이 최고가 아니라는 것을 깨닫게 되었다.

추론 **11** 이 글과 <보기>를 통해 짐작한 내용으로 알맞지 않은 것에 ∨ 표를 해 보세요.

<보기>

식물은 햇빛, 물, 온도 등의 영향을 받아 스스로 움직입니다. 창가에 화분을 두면 햇빛이 있는 쪽으로 식물이 굽어 자랍니다. 또 식물은 물이 있는 쪽으로 자랍니다. 추운 곳에서는 꽃잎을 닫는 식물도 있습니다.

☐ 미모사를 만지면 잎을 오므리는 까닭은 식물이 햇빛 쪽으로 움직이기 때문이야.

☐ 추운 날 튤립의 꽃잎이 닫히는 것은 식물이 온도에 영향을 받아 움직이기 때문이야.

☐ 강가에 사는 식물의 뿌리가 강을 향한 것은 식물이 물이 있는 쪽으로 자라기 때문이야.

서술형
이해 **12** 미모사를 만지면 잎이 오므라드는 까닭을 이 글에서 찾아 써 보세요.

미모사 잎을 만지면 _____

_____ 때문입니다.

교과 연계
과학 6-1
빛과 렌즈

14 우주를 보는 눈, 망원경
설명문

정답과 해설 30쪽

어휘로 만나기

1 빈칸에 들어갈 알맞은 어휘를 골라 써 보세요.

시야   진화   확대   굴절   퍼지다

■ 망원경으로 [   ]가 닿는 먼 해안선을 보았다.

ㄸ 눈으로 볼 수 있는 범위.

■ 빛의 [   ]로 인해 컵 속에 있는 빨대가 꺾여 보인다.

ㄸ 물이나 렌즈 등을 만나는 경계면에서 빛이나 소리 등의 진행 방향이 바뀌는 것.

■ 과학 기술이 발달하면서 로봇 성능의 [   ] 속도도 빨라졌다.

ㄸ 일이나 사물 따위가 점점 발달해 감.

■ 할아버지가 쓰시는 돋보기안경은 작은 글씨를 [   ]해 준다.

ㄸ 모양이나 규모 따위를 더 크게 함.

■ 민들레 씨앗이 바람에 날려서 곳곳으로 [   ]져 나갔다.

ㄸ 어떤 물질이나 현상 따위가 넓은 범위에 미치다.

* **시야** 볼 視 범위 野   * **진화** 나아갈 進 될 化   * **확대** 넓힐 擴 큰 大   * **굴절** 굽을 屈 꺾을 折

밑줄 친 어휘 중 주어진 한자가 쓰이지 <u>않은</u> 것에 ∨ 표를 해 보세요.

視
볼 시

☐ 하늘에 떠 있던 풍선이 **시야**에서 점차 사라졌다.

☐ 나는 학원 갈 **시간**이 다가와서 서둘러 준비했다.

☐ 그는 텔레비전 **시청** 시간을 줄이기로 다짐했다.

☐ 내가 쳐다보자 친구는 황급히 **시선**을 피했다.

유의어
반의어 **3** 두 어휘의 뜻이 서로 비슷하면 =, 반대이면 ↔ 표를 해 보세요.

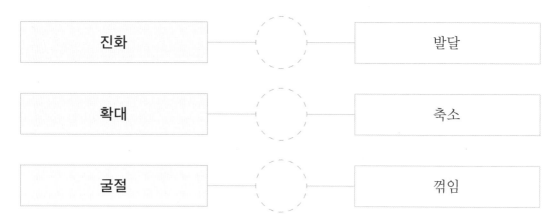

진화	◯	발달
확대	◯	축소
굴절	◯	꺾임

다의어 **4** 밑줄 친 어휘에 알맞은 뜻을 찾아 그 기호를 써 보세요.

| 퍼지다 | ㉠ 어떤 물질이나 현상이 넓은 범위에 미치다.
㉡ 몸이나 몸의 일부분이 살이 쪄서 옆으로 벌어지다.
㉢ 끝 쪽으로 가면서 점점 굵거나 넓적하게 벌어지다. |

(1) 스트레스를 받아서 폭식했더니 몸이 **퍼졌다.**　　　　　　　(　　)

(2) 송아는 밑단으로 갈수록 **퍼지는** 치마를 입었다.　　　　　(　　)

(3) 꽃을 병에 꽂자 꽃향기가 순식간에 방 안에 **퍼졌다.**　　　(　　)

짧은 글로 만나기

볼록 렌즈는 가운데 부분이 가장자리보다 두꺼운 렌즈를 말합니다. 볼록 렌즈로 물체를 보면 실제 모습과 다르게 보입니다. 그 까닭은 볼록 렌즈가 빛을 **굴절**시키기 때문입니다. 물체와 볼록 렌즈 사이의 거리가 가까우면 물체가 실제보다 크고 똑바로 보이고, 거리가 멀면 물체가 실제보다 작고 거꾸로 보입니다.

볼록 렌즈는 빛을 한곳으로 모으는 성질을 가지고 있습니다. 빛이 렌즈를 통과할 때 렌즈의 두꺼운 쪽으로 꺾이는데, 볼록 렌즈는 가운데 부분이 가장자리보다 두꺼워서 빛이 렌즈의 가운데로 꺾여서 모입니다. 그래서 햇빛을 볼록 렌즈에 통과시키면 볼록 렌즈가 햇빛을 굴절시켜 빛이 한 곳으로 모이는 현상을 볼 수 있습니다.

이해 **5** 빈칸에 들어갈 알맞은 말을 이 글에서 찾아 써 보세요.

볼록 렌즈는 [　　　　] 부분이 가장자리보다 두꺼운 렌즈로,

볼록 렌즈로 물체를 보면 실제와 [　　　　] 보인다.

이해 **6** 이 글의 내용과 일치하는 것에 ○, 일치하지 않는 것에 × 표를 해 보세요.

■ 볼록 렌즈로 물체를 보면 거꾸로 보일 수 있다. (　　)

■ 볼록 렌즈는 빛을 한곳으로 모으는 성질이 있다. (　　)

■ 빛이 렌즈를 통과할 때 렌즈의 얇은 쪽으로 꺾인다. (　　)

우리 생활에서 볼록 렌즈는 다양하게 이용됩니다. 볼록 렌즈는 주로 물체를 ㉠**확대**해서 봐야 할 때 쓰입니다. 돋보기안경, 망원경, 수술용 장비, 카메라, 현미경 등에 이용되고 있습니다.

현미경은 볼록 렌즈를 이용해 만든 대표적인 기구입니다. 현미경을 이용하면 맨눈으로 보기 어려운 작은 물체를 확대해서 볼 수 있습니다. 현미경에는 두 개의 볼록 렌즈가 있습니다. 하나는 물체를 놓는 쪽에 있는 대물렌즈고, 다른 하나는 눈을 대는 쪽에 있는 접안렌즈입니다. 먼저 대물렌즈는 빛을 모아 접안렌즈 앞에 크고 거꾸로 된 물체의 모습을 맺히게 합니다. 그리고 접안렌즈는 이 맺힌 물체의 모습을 더 크게 보이도록 하는 역할을 합니다.

어휘 **7** ㉠의 쓰임이 알맞지 <u>않은</u> 것에 ∨ 표를 해 보세요.

☐ 졸업 사진을 크게 **확대**해서 인쇄했다.

☐ 선발 인원을 10명에서 5명으로 **확대**했다.

☐ 장사가 잘되는 식당이 규모를 **확대**해 문을 열었다.

이해 **8** 이 글의 내용과 일치하지 <u>않는</u> 것에 ∨ 표를 해 보세요.

☐ 현미경은 볼록 렌즈 두 개를 이용한 기구다.

☐ 볼록 렌즈는 주로 물체를 크게 봐야 할 때 쓰인다.

☐ 현미경의 대물렌즈는 접안렌즈에 맺힌 물체를 더욱 확대한다.

독/해/원/리 **과정을 파악하며 읽기**

과정이나 순서가 드러나는 글을 읽을 때는 문단의 중심 내용에 밑줄을 치며 읽습니다. 글에서 설명하는 대상이 시간의 흐름에 따라 어떻게 변했는지 파악하며 글을 읽어 보세요.

다음 글을 자세히 읽고, 질문에 답해 보세요. [9~12]　　　　　　　⏱ 읽은 시간 : ＿＿＿＿ 분

긴 글로 만나기

우주를 보는 눈, 망원경

설명문

　망원경은 멀리 있는 물체를 **확대**하여 크고 정확하게 볼 수 있게 만든 장치입니다. 망원경 덕분에 우리는 맨눈으로는 볼 수 없었던 우주를 관측할 수 있게 되었습니다. 망원경은 어떻게 **진화**해 왔을까요?

　망원경은 1608년에 네덜란드의 한 안경 제작자가 발명했습니다. 그는 두 개의 렌즈를 일정한 간격을 두고 겹치면 멀리 있는 물체를 크게 볼 수 있다는 사실을 우연히 발견하고, 최초의 망원경을 제작했습니다. 이 소식을 들은 이탈리아의 물리학자 갈릴레이는 1609년에 대물렌즈를 볼록 렌즈로, 접안렌즈를 ㉠오목 렌즈로 망원경을 만들어서 인류 최초로 우주를 관측했습니다. 그는 이 '갈릴레이식 망원경'으로 달의 울퉁불퉁한 표면을 관찰하고, 토성의 고리를 처음으로 관측했습니다. 그러나 갈릴레이식 망원경은 **시야**가 좁고 물체를 많이 확대할 수 없다는 단점이 있었습니다.

　1611년, 이 단점을 해결하기 위해 독일의 천문학자 케플러는 대물렌즈와 접안렌즈가 모두 볼록 렌즈인 '케플러식 망원경'을 만들었습니다. 이 망원경은 갈릴레이식 망원경보다 시야가 넓고 물체를 더 크게 볼 수 있었지만, 물체가 거꾸로 보였습니다.

　갈릴레이식 망원경과 케플러식 망원경은 모두 렌즈를 통과하면서 **굴절**한 빛이 무지개처럼 여러 색으로 **퍼져서** 물체가 흐릿하게 보이는 문제점이 있었습니다. 이를 보완하기 위해 1668년에 영국의 물리학자 뉴턴은 렌즈 대신 거울을 이용한 '뉴턴식 망원경'을 만들었습니다. 하지만 이러한 망원경의 발달에도 불구하고, 지상에서 아주 먼 우주를 자세히 관측하는 것은 어려웠습니다.

　그래서 과학자들은 망원경을 우주로 보내기로 했습니다. 그 결과 '허블 우주 망원경'이 탄생했습니다. 1990년에 우주로 발사된 이 우주 망원경은 지난 31년간 우주를 돌며 신비로운 우주의 사진을 촬영했습니다.

　앞으로 허블 우주 망원경의 뒤를 이은 '제임스 웹 우주 망원경'이 우리가 아직 모르는 더 깊은 우주의 모습을 관측할 것입니다.

구조 **9** 망원경의 진화 과정을 정리하며 빈칸에 알맞은 말을 찾아 써 보세요.

갈릴레이식 망원경 → ☐☐☐ 망원경 → 뉴턴식 망원경

→ 허블 우주 망원경 → ☐☐☐ 우주 망원경

주제 **10** 이 글의 중심 내용으로 가장 알맞은 것을 골라 보세요.　　　　　(　　　　)

① 망원경의 구조
② 최초의 망원경
③ 우주 탐사의 역사
④ 우주 망원경의 단점
⑤ 망원경의 진화 과정

이해 **11** 이 글의 내용과 일치하지 <u>않는</u> 것을 골라 보세요.　　　　　(　　　　)

① 뉴턴식 망원경은 렌즈 대신 거울을 이용했다.
② 갈릴레이는 인류 최초로 망원경을 우주로 발사했다.
③ 갈릴레이식 망원경은 시야가 좁다는 단점이 있었다.
④ 망원경은 네덜란드의 한 안경 제작자가 처음 발명했다.
⑤ 제임스 웹 우주 망원경은 현재까지 가장 진화된 망원경이다.

추론 **12** <보기>를 읽고 ㉠으로 알맞은 것에 ∨ 표를 해 보세요.

<보기>

　오목 렌즈는 가운데가 얇고 가장자리로 갈수록 두꺼워지는 렌즈입니다. 가까운 데 있는 것은 잘 보아도 먼 데 있는 것은 선명하게 보지 못하는 근시를 교정하는 안경 렌즈로 이용됩니다.

☐　　　　　　　☐　　　　　　　☐

교과 연계
수학 6-1
비와 비율

교과 융합
수학 ★ 사회

15 피라미드의 높이를 어떻게 쟀을까?
설명문

정답과 해설 32쪽

어휘로 만나기

1 빈칸에 들어갈 알맞은 어휘를 골라 써 보세요.

(비율) (원리) (사후) (헤매다) (재다)

■ 그는 책상을 옮기기 전에 방의 길이를 자로 [어   ] 보았다.

  뜻 도구를 이용해 길이, 너비, 높이 따위의 정도를 알아보다.

■ 이 화단은 장미에 비해 수국의 [   ]이 낮다.

  뜻 기준이 되는 수나 양에 대한 어떤 값의 비.

■ 고대 이집트 사람들은 [   ] 세계가 있다고 믿었다.

  뜻 죽고 난 이후.

■ 나는 한 시간을 [맨] 끝에 겨우 독후감을 쓸 수 있었다.

  뜻 어떤 일을 해결할 방향을 잡지 못하거나 방법을 찾지 못하다.

■ 이 복사기는 정전기의 [   ]를 이용해서 만든 것이다.

  뜻 사물의 본질이나 바탕이 되는 이치.

---

* **비율** 비교할 比 비율 率   * **원리** 근원 原 이치 理   * **사후** 죽을 死 뒤 後

2 밑줄 친 어휘 중 주어진 한자가 쓰이지 <u>않은</u> 것에 ∨ 표를 해 보세요.

比
비교할 비

☐ 우리 반은 여학생에 비해 남학생의 **비율**이 낮다.

☐ 키가 크면 그 **비례**로 몸무게도 늘어나는 법이다.

☐ 나는 다른 상점과 가격을 **비교**해 보고 옷을 샀다.

☐ 누구나 아무에게도 말하지 않은 혼자만의 **비밀**이 있다.

---

3 두 어휘의 뜻이 서로 비슷하면 =, 반대이면 ↔ 표를 해 보세요.

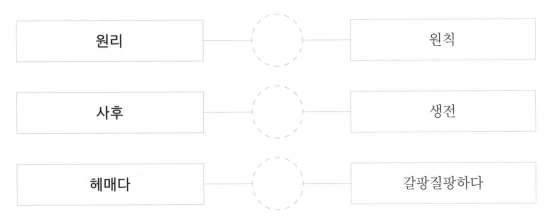

원리	◯	원칙
사후	◯	생전
헤매다	◯	갈팡질팡하다

---

4 밑줄 친 어휘에 알맞은 뜻을 찾아 그 기호를 써 보세요.

재다	㉠ 도구를 이용해 길이, 너비, 높이 따위의 정도를 알아보다.
	㉡ 잘난 척하며 우쭐거리거나 뽐내다.
	㉢ 여러모로 따져보고 헤아리다.

(1) 그는 요리조리 일을 **재더니** 기회를 놓치고 말았다. ( )

(2) 농장 주인은 우리가 수확한 감자의 무게를 저울로 **쟀다**. ( )

(3) 수학 경시대회에서 일 등을 한 그는 친구들 앞에서 으스대며 **쟀다**. ( )

**짧은 글로
만나기**

비는 두 수의 크기를 비교할 때 사용합니다. □와 △의 비는 '□:△'라고 쓰고 '□ 대 △'라고 읽습니다. 이것은 △를 기준으로 하여 □를 비교한 것입니다. 예를 들어 빨간색 페인트와 흰색 페인트의 비를 1:5가 되도록 섞을 때, 기준량은 흰색 페인트, 비교하는 양은 빨간색 페인트입니다.

㉠**비율**은 기준량에 대한 비교하는 양의 크기를 말합니다. '$\frac{비교하는\ 양}{기준양}$'으로 표현합니다. 즉 흰색 페인트에 대한 빨간색 페인트의 비율은 $\frac{1}{5}$이 됩니다. 이 비율을 소수 0.2로 나타낼 수도 있습니다. 이러한 비와 비율은 축구 경기의 점수를 표기할 때, 음식 재료의 비율을 맞출 때 등 우리 생활 속 다양한 곳에서 찾을 수 있습니다.

어휘 **5** ㉠의 쓰임이 알맞은 것에 ∨ 표를 해 보세요.

☐ 내가 직접 쓴 동시를 **비율**에 맞춰 낭송했다.

☐ 정확히 관찰하려면 **비율**이 높은 현미경이 필요하다.

☐ 통계 자료에 따르면 이 지역은 청년층의 **비율**이 높다.

이해 **6** 빈칸에 들어갈 알맞은 말을 이 글에서 찾아 써 보세요.

비는 두 수의 크기를 [ ] 할 때 사용하는 것이고,

비율은 [ ] 에 대한 [ ] 하는 양의 크기다.

이집트는 동경 30도, 북위 27도의 아프리카 대륙에 있는 나라입니다. 이집트를 대표하는 문화로는 단연 피라미드를 손꼽습니다. 고대 이집트 사람들은 사람이 죽으면 　㉠　 세계에서 되살아난다고 믿었습니다. 그래서 이집트의 왕인 파라오가 죽으면 미라로 만들고, 죽어서 사는 성의 의미로 피라미드를 지었습니다. 죽은 파라오가 피라미드에서 영원히 산다고 생각했습니다.

크기가 가장 큰 피라미드는 쿠푸 왕의 피라미드입니다. 쿠푸 왕의 피라미드 높이는 146미터이고, 밑면의 한 변의 길이는 230미터입니다. 피라미드를 짓는 데 약 230만 개의 석회암과 화강암이 사용되었다고 합니다. 이 엄청난 수의 무거운 돌을 어떻게 옮기고 쌓았는지는 알려지지 않았습니다. 그래서 피라미드는 지금까지도 세계의 불가사의*로 남아 있습니다.

＊ **불가사의** : 사람의 생각으로는 미루어 헤아릴 수 없는 이상함.

어휘 **7** ㉠에 들어갈 어휘로 가장 알맞은 것에 ○ 표를 해 보세요.

생후　　최후　　전후　　사후　　직후

이해 **8** 이 글의 내용과 일치하는 것에 ○, 일치하지 않는 것에 × 표를 해 보세요.

■ 고대 이집트에서는 왕이 죽으면 피라미드를 만들었다. 　　　　　　(　　)

■ 쿠푸 왕의 피라미드는 높이가 230미터로 가장 크기가 크다. 　　　　(　　)

■ 이집트는 동경 30도, 북위 27도의 북아메리카 대륙에 있는 나라다. 　(　　)

독/해/원/리 **원리를 이해하며 읽기**

어떠한 원리를 설명하는 글을 읽을 때는 주어진 정보를 활용하여 원리를 파악한 다음 사례에 적용합니다. 글에서 사례와 관련된 내용을 찾아 연결하여 적용해 보세요.

다음 글을 자세히 읽고, 질문에 답해 보세요. [9~12]　　　　　　⏱ 읽은 시간 : ＿＿＿＿＿ 분

긴 글로 만나기

피라미드의 높이를 어떻게 쟀을까?

설명문

　사후 세계를 믿었던 고대 이집트에서는 왕이 죽으면 돌을 쌓아 사각뿔 모양의 거대한 무덤인 피라미드를 만들었습니다. 가장 크기가 큰 피라미드는 쿠푸 왕의 피라미드로, 높이가 146미터나 됩니다.

　지금으로부터 약 2,600년 전, 이렇게 거대한 피라미드의 높이를 작은 막대기 하나로 **잰** 사람이 있었습니다. 바로 고대 그리스의 철학자이자 천문학자, 그리고 수학자인 탈레스입니다. 탈레스는 당시 문명이 발달한 이집트에서 천문학과 수학을 공부했습니다. 탈레스는 일식*을 정확하게 예측하고, 정전기를 처음 발견한 일화로도 유명합니다. 여러 분야에 뛰어난 능력이 있었던 탈레스는 어떻게 거대한 피라미드의 높이를 쟀을까요?

　어느 날 이집트의 왕 파라오는 가장 높은 피라미드의 높이를 구하라는 명을 내렸습니다. 모두가 방법을 몰라 **헤맬** 때, 탈레스는 막대기 하나를 땅 위에 수직으로 세웠습니다. 그리고 막대기의 그림자 길이와 피라미드의 그림자 길이를 쟀습니다. 탈레스는 같은 시각에 생기는 막대기 높이와 막대기 그림자 길이의 비와, 피라미드 높이와 피라미드 그림자 길이의 비가 같다는 것을 알아냈습니다.

　예를 들어 막대기 높이와 막대기 그림자 길이가 같으면, 막대기 높이와 그림자 길이의 비는 1:1입니다. 따라서 피라미드 높이와 피라미드 그림자 길이도 1:1의 비로 서로 같게 됩니다. 이때 피라미드 밑면의 중심에서부터 그림자 끝까지의 길이를 측정하면 피라미드의 높이를 구할 수 있습니다. 이러한 방법으로 탈레스가 계산한 피라미드의 높이는 144미터였습니다. 실제 높이인 146미터와 크게 차이가 나지 않을 정도로 정확했습니다.

　물체의 높이가 높아지면 그림자 길이도 함께 길어지므로, ㉠같은 시각에 물체의 높이와 그림자 길이의 **비율**은 물체의 높이와 상관없이 일정하게 나타납니다. 이와 같은 **원리**를 이용하면 작은 막대기 하나로도 높은 나무나 건물의 높이를 잴 수 있습니다.

* 일식 : 달이 태양의 일부나 전부를 가리는 현상.

이해 **9** 이 글의 내용과 일치하지 <u>않는</u> 것을 골라 보세요. ( )

① 탈레스는 일식을 정확히 예측했다.

② 탈레스는 이집트에서 천문학과 수학을 공부했다.

③ 이집트의 가장 큰 피라미드는 쿠푸 왕의 피라미드다.

④ 피라미드는 사각뿔 모양의 고대 이집트 왕의 무덤을 말한다.

⑤ 탈레스는 자와 각도기를 이용하여 피라미드의 높이를 측정했다.

추론 **10** 이 글과 <보기>를 통해 짐작한 내용으로 알맞지 <u>않은</u> 것에 ∨ 표를 해 보세요.

<보기>

1880년대에 고고학자 플린더즈 페트리는 쿠푸 왕의 피라미드 크기를 측정했습니다. 그의 측정에 의하면 높이는 146미터, 정사각형 바닥의 한 변은 230미터입니다.

☐ 탈레스는 페트리보다 먼저 피라미드의 높이를 측정한 사람이야.

☐ 탈레스가 측정한 피라미드의 높이는 페트리의 측정과 2미터밖에 차이가 나지 않아.

☐ 바닥이 정사각형이라는 것을 통해 피라미드가 사각기둥의 형태라는 것을 알 수 있어.

💡 원리를 이해하며 읽기

추론 **11** ㉠의 내용을 바탕으로 아래 그림의 나무 높이를 써 보세요. ( )미터

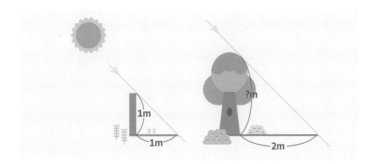

서술형

이해 **12** 탈레스가 피라미드의 높이를 구한 원리를 이 글에서 찾아 써 보세요.

시각이 같을 때 막대기 높이와 막대기 그림자 길이의 비는 ＿＿＿＿＿＿＿＿＿＿＿

＿＿＿＿＿＿＿＿＿＿＿＿＿＿＿ 의 비와 같습니다.

정답과 해설 34쪽

[1~4]   다음 뜻풀이에 알맞은 어휘를 찾아 선으로 이어 보세요.

1. 죽고 난 이후.   ●   ● 팽창

2. 부풀어서 부피가 커짐.   ●   ● 절기

3. 모양이나 규모 따위를 더 크게 함.   ●   ● 사후

4. 일 년을 스물넷으로 나눈 계절의 구분.   ●   ● 확대

[5~9]   밑줄 친 어휘와 뜻이 비슷한 어휘를 <보기>에서 골라 괄호 안에 써 보세요.

<보기>	수월하다	처지다	견디다	도달	헤매다

5. 나는 축 **늘어진** 어깨를 곧게 펴고 자세를 바로 잡았다.   (   )

6. 이번 축제는 봉사자가 많아 프로그램 운영이 훨씬 **쉬웠다**.   (   )

7. 빛이 없는 사막 한가운데 **도착**하자 거대한 은하수가 보였다.   (   )

8. 우리 팀은 오랜 시간 힘껏 **버틴** 끝에 줄다리기에서 승리했다.   (   )

9. 그는 여러 서점에 가 봤지만 품절된 책을 구하지 못해 **쩔쩔맸다**.   (   )

[10~14]   빈칸 안에 들어갈 알맞은 어휘에 ○ 표를 해 보세요.

10. 할머니는   오목한   오붓한   그릇에 고기를 가득 담아 주셨다.

11. 달걀이 깨지지 않도록 여러 바구니에   분석   분산   하여 담았다.

12. 선생님은 창가에 서서 교과서에 적힌 시를   읊어   엎어   주셨다.

13. 화전민은 산에 태워 만든 땅에 농사를   짓는   짖는   사람들을 말한다.

14. 초시계로 친구의 100미터 달리기 기록을   쟀더니   했더니   14초였다.

[15~19] 괄호 안에 들어갈 알맞은 어휘를 <보기>에서 골라 써 보세요.

<보기>	원리	시야	압력	진화	굴절

15. 새는 공룡에서 (   )한 동물이다.

16. 공기의 무게로 인한 대기의 (   )을 대기압이라고 한다.

17. 무지개는 공중의 빗방울에 햇빛이 (   )하면서 생겨난다.

18. 하늘이 맑은 날에는 (   )가 탁 트여 먼 곳까지 볼 수 있다.

19. 훈민정음 해례본에는 한글을 만든 (   )가 자세히 설명되어 있다.

[20~22] 밑줄 친 어휘의 뜻을 <보기>에서 찾아 그 기호를 써 보세요.

<보기>	㉠ 기준이 되는 수나 양에 대한 어떤 값의 비.
	㉡ 어떤 물질이나 현상 따위가 넓은 범위에 미치다.
	㉢ 솜씨나 기술 따위가 빈틈이 없이 자세하고 뛰어나다.

20. 창문을 열자 따사로운 햇살이 집안 가득 **퍼졌다**. (   )

21. 석굴암은 예술성이 돋보이는 매우 **정교한** 조각품이다. (   )

22. 우리나라 땅에서 숲이 차지하는 **비율**은 약 70% 정도다. (   )

[23~25] 주어진 어휘를 활용하여 문장을 만들어 보세요.

23. 천문 → --

24. 양분 → --

25. 오므리다 → --

여러 가지 설명 방법

개념 적용 **1. 다음 중 '분석'의 방법이 쓰이지 않은 것에 ∨ 표를 해 보세요.**

☐ 자전거의 구조는 크게 바퀴, 안장, 핸들, 체인, 페달, 브레이크 등으로 이루어져 있습니다.

☐ 저희 오케스트라는 바이올린, 비올라, 첼로, 플루트, 클라리넷, 트럼펫, 북, 하프 등의 악기로 구성되어 있습니다.

☐ 날씨는 짧은 기간의 공기 상태를 말합니다. 반면에 기후는 한 지역에서 오랜 기간에 나타나는 날씨의 평균적인 상태로, 날씨보다 범위가 넓습니다.

☐ 식물은 뿌리, 줄기, 잎, 꽃으로 이루어져 있습니다. 뿌리는 물을 흡수하고, 줄기는 그 물을 잎으로 전달합니다. 잎은 광합성을 하고, 꽃은 씨를 만드는 일을 합니다.

맞춤법 **2. 아래 표를 보고 주어진 문장의 맞춤법이 맞으면 ○, 틀리면 × 표를 해 보세요.**

짓다	짖다
■ 한데 모여 줄이나 대열 따위를 이루다. 　（예）줄을 **짓다**. ■ 재료를 가지고 밥, 옷, 집 등을 만들다. 　（예）밥을 **짓다**. ■ 논밭을 다루어 농사를 하다. 　（예）농사를 **짓다**.	■ 개가 목청으로 소리를 내다. 　（예）개가 컹컹 **짖다**. ■ 새가 시끄럽게 지저귀다. 　（예）까치가 깍깍 **짖다**.

(1) 올림픽을 앞두고 많은 관중이 입장할 수 있는 축구장을 새로 **짖고** 있다.　（　　　）

(2) 세계 각국에서 여행 온 학생들이 박물관 앞에 길게 줄을 **지어** 서 있었다.　（　　　）

(3) 수업이 끝나고 집에 가자 강아지가 반갑게 **짓으며** 대문 밖으로 달려 나왔다.（　　　）

자연과 어우러진 삶을 살았던 우리 조상들은 식물에 관한 속담을 많이 썼습니다. 식물과 관련된 다양한 속담을 알아볼까요?

● 콩 심은 데 콩 나고 팥 심은 데 팥 난다

콩을 심은 곳에는 콩이 나는 게 당연하듯이, 모든 일에는 원인에 따라 그에 걸맞는 결과가 나타난다는 뜻입니다.

● 벼 이삭은 익을수록 고개를 숙인다

벼가 익을수록 고개를 숙이듯이, 훌륭한 사람일수록 겸손하다는 뜻입니다.

● 도토리 키 재기

크기가 고만고만한 도토리의 키를 재어 봤자 차이가 없듯이, 비슷한 사람끼리 견주어 볼 필요가 없다는 뜻입니다. 서로 엇비슷한 사람끼리 다툴 때 쓰는 표현이기도 합니다.

● 될성부른 나무는 떡잎부터 알아본다

씨앗에서 움이 트면서 최초로 나오는 잎을 떡잎이라고 합니다. 잘 자랄 나무는 떡잎만 봐도 알 수 있듯이, 자라서 크게 될 사람은 어릴 때부터 남다르다는 뜻입니다.

● 단풍도 떨어질 때 떨어진다

단풍잎은 가을이 되어야 붉게 물들고 떨어진다는 말로, 어떤 일이든 제때가 있다는 뜻입니다.

● 호박이 넝쿨째 굴러떨어졌다

옛날부터 호박은 재물과 풍요의 상징이었습니다. 이런 호박이 예상치 못한 상황에서 갑자기 생기면 좋듯이, 뜻밖에 좋은 일이 생기거나 좋은 물건을 얻었다는 뜻입니다.

예체능
실과

★ 확인 학습　　어휘 복습하기 + 실력 더하기 : 관용어

★ 쉬어 가기　　음식에 관한 관용어

16 우리 민족의 노래, 아리랑
설명문

정답과 해설 35쪽

어휘로 만나기

1 빈칸에 들어갈 알맞은 어휘를 골라 써 보세요.

| 풍습 | 가락 | 억양 | 강제 | 떨다 |

■ 흥겹고 경쾌한 [   ]의 민요가 듣기 좋다.

(뜻) 음악에서 음의 높낮이의 흐름.

■ 설날에 세배하는 것은 우리나라 고유의 [   ]이다.

(뜻) 풍속과 습관을 아울러 이르는 말.

■ 우리 할아버지는 일본에 의해 [   ]로 끌려가셨다.

(뜻) 권력이나 힘으로 남이 원하지 않는 일을 억지로 시킴.

■ 새로 전학 온 친구의 사투리는 [   ]이 독특하다.

(뜻) 말소리의 높낮이를 변하게 함.

■ 그녀는 공연을 앞두고 너무 긴장한 나머지 목소리를 [었다].

(뜻) 목청 따위가 순조롭지 않게 울림을 심하게 일으키다.

---

*   **풍습** 풍속 風 익힐 習 *   **억양** 누를 抑 오를 揚 *   **강제** 강할 強 억제할 制

주어진 한자가 쓰인 어휘를 <보기>에서 찾아 빈칸에 써 보세요.

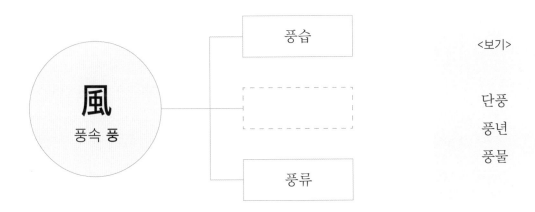

<보기>

단풍
풍년
풍물

주어진 어휘와 뜻이 비슷한 어휘를 <보기>에서 찾아 빈칸에 써 보세요.

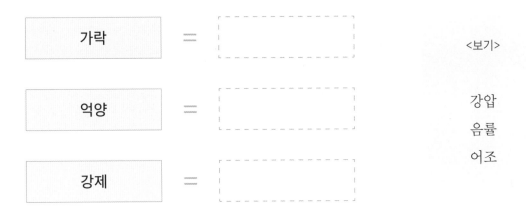

<보기>

강압
음률
어조

밑줄 친 어휘에 알맞은 뜻을 찾아 그 기호를 써 보세요.

떨다	㉠ 목청 따위가 순조롭지 않게 울림을 심하게 일으키다. ㉡ 달려 있거나 붙어 있는 것을 쳐서 떼어 내다. ㉢ 언짢은 생각 따위를 없애다.

(1) 나는 지난 일에 대한 생각을 다 **떨고** 열심히 공부하기로 했다.   (   )

(2) 그녀는 현관에서 외투 위에 쌓인 눈을 툭툭 **떨고** 집으로 들어갔다.   (   )

(3) 그는 빨갛게 달아오른 얼굴로 목소리를 **떨면서** 나에게 고백을 했다.   (   )

짧은 글로 만나기

오래전부터 우리 민족은 춤추고 노래 부르는 것을 좋아했습니다. 일할 때나 놀이를 할 때도 노래를 불렀습니다. 이처럼 옛날부터 민중들의 입을 통해 전해져 온 생활 모습과 　ⓐ　 을 담은 노래를 민요라고 합니다.

민요는 누군가 만든 노래가 아니라 자연스럽게 만들어진 것으로 민중들의 삶과 생각이 담겨 있습니다. 그래서 민요를 통해 그 나라만의 독특한 민족성이나 국민성을 알 수 있습니다. 이탈리아 민요 「오 나의 태양」을 통해 화려하고 낭만적인 민족성을 알 수 있고, 독일 민요 「로렐라이」를 통해 소박하고 규칙적인 민족성을 알 수 있습니다. 삶의 기쁨과 슬픔이 담겨 있는 민요는 민족의 정서를 잘 표현한 예술입니다.

어휘 **5** ⓐ에 들어갈 어휘로 가장 알맞은 것에 ○ 표를 해 보세요.

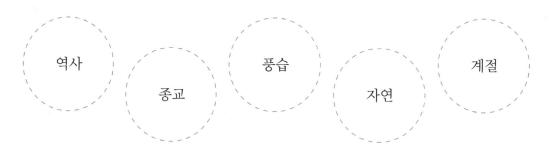

역사　　종교　　풍습　　자연　　계절

이해 **6** 이 글의 내용과 일치하는 것에 ○, 일치하지 않는 것에 × 표를 해 보세요.

■ 민요를 통해 그 나라만의 독특한 국민성을 알 수 있다. 　　　　　(　　　)

■ 민요는 곡을 지은 사람과 가사를 쓴 사람이 정해져 있다. 　　　　　(　　　)

■ 민요 「로렐라이」를 통해 독일의 화려한 민족성을 알 수 있다. 　　　　　(　　　)

강원도 무형 문화재 1호인 정선아리랑은 약 600여 년 전부터 불리던 노래입니다. 깊은 산속에 있는 정선은 길이 험해 사람들이 잘 찾아오지 않았습니다. 게다가 땅이 울퉁불퉁해 농사짓기도 어려워 사람들은 늘 가난에 시달렸습니다. 그래서 힘든 삶을 잊기 위해 노래를 부르기 시작했습니다.

정선아리랑의 유래는 다양하게 전해지고 있습니다. 그중에서 가장 오래된 유래는 일곱 명의 신하에 관한 것입니다. 조선을 건국할 무렵, 고려 왕조를 섬기던 신하들은 조선 왕조에 반발*하며 산속으로 들어갔습니다. 깊은 산속에서 외롭게 살아가던 신하들은 쓸쓸하고 애달픈* 마음을 달래기 위해 시를 지었고, 여기에 정선 사람들이 부르던 슬픈 ㉠**가락**이 붙어 정선아리랑이 되었다고 합니다.

* **반발** : 어떤 상태나 행동 따위에 대하여 거스르고 반항함.
* **애달픈** : 애처롭고 쓸쓸한.

어휘 **7** 밑줄 친 어휘가 ㉠과 같은 뜻으로 쓰이지 <u>않은</u> 것에 ∨ 표를 해 보세요.

☐ 할머니가 부르시는 민요의 **가락**이 구슬프다.

☐ 그는 흥겨운 **가락**에 맞춰 춤을 추기 시작했다.

☐ 국수 한 **가락**을 먹으려는데 친구에게 전화가 왔다.

이해 **8** 이 글의 내용과 일치하는 것에 ∨ 표를 해 보세요.

☐ 정선은 자연환경이 아름다워 사람들이 자주 찾는 곳이었다.

☐ 정선아리랑은 유래가 확실하여 강원도 무형 문화재 1호로 지정되었다.

☐ 조선 왕조에 반발한 신하들이 산에 들어가 지은 시가 정선아리랑이 되었다.

독/해/원/리 **구분하며 읽기**

구분은 일정한 기준에 따라 전체를 몇 가지로 나누어 설명하는 방법을 말해요. 여러 가지 대상을 기준에 따라 어떻게 구분했는지 살펴보며 글을 읽어 보세요.

다음 글을 자세히 읽고, 질문에 답해 보세요. [9~12]　　　⏱ 읽은 시간 : _____ 분

**긴 글로
만나기**

우리 민족의 노래, 아리랑

설명문

　　2006년에 한국을 대표하는 100대 민족 문화 상징으로 선정되었고, 2012년에 유네스코 인류 무형 문화재로 등재된 우리나라 민요는 무엇일까요? 바로 아리랑입니다. '아리랑 아리랑 아라리요'라는 후렴구가 들리면 누구나 바로 흥얼거릴 만큼 아리랑은 가장 널리 불리는 민요 중 하나입니다.

　　입으로만 전해져 온 탓에 아리랑의 유래는 정확하게 알려지지 않고 다양한 추측이 있습니다. 조선 시대 흥선대원군은 불타버린 경복궁을 다시 짓기 위해 백성들을 **강제**로 동원*했습니다. 백성들은 너무 지치고 힘든 나머지 '차라리 귀가 먹었으면 좋겠다'라는 뜻의 '아이롱'이 들어간 노래를 불렀고, 점차 발음이 변해 아리랑이 되었다는 이야기가 있습니다. 또 신라의 시조인 박혁거세의 부인 알령 왕비를 뜻하는 '알영비'나 밀양의 전설 속 인물인 '아랑'에서 유래되었다는 추측도 있습니다.

　　지역마다 사투리가 있듯이 민요도 지역에 따라 서로 다른 음악적 특징을 갖는데, 이를 '토리'라고 합니다. 지역마다 자연환경과 생활 모습, **풍습**이 달랐기 때문에 토리도 다양합니다. 민요는 토리에 따라서 크게 경기민요, 남도민요, 동부민요, 서도민요, 제주민요로 나뉘고 지역마다 부르는 아리랑도 다릅니다.

　　경기민요는 서울과 경기 지역의 민요로 맑고 깨끗한 느낌이 듭니다. 가장 많이 알려진 경기아리랑이 이에 속합니다. 남도민요는 전라도와 충청도 일부에서 불리는 민요로 소리를 **떨거나** 꺾어서 부르기 때문에 진도아리랑을 들으면 구성진* 느낌이 듭니다. 동부민요는 강원도와 경상도 지역으로 나눌 수 있는데, 강원도의 정선아리랑은 구슬픈 **가락**인 반면, 경상도의 밀양아리랑은 흥겹고 경쾌합니다. 서도민요는 평안도와 황해도 지역의 민요로 콧소리를 섞어 부르며 일정한 장단이 없습니다. 제주민요는 **억양**이 강하고 사투리를 쓰기 때문에 독특한 느낌이 납니다.

　　아리랑은 최근 2020 도쿄 올림픽에 응원가로 사용되었습니다. 그뿐만 아니라 올림픽처럼 남북한이 함께 출전할 때 국가 대신 연주되어 민족을 하나로 엮어 주기도 합니다. 이처럼 아리랑은 우리 민족과 늘 함께하며 사랑받는 대표 민요입니다.

* **동원** : 어떤 목적을 이루려고 사람이나 물건, 방법 등을 한데 모음.
* **구성지다** : 천연스럽고 구수하며 멋지다.

이 글의 내용을 정리하며 빈칸에 알맞은 말을 찾아 써 보세요.

1문단	유네스코 인류 무형 문화재로 등재된 〔　　〕
2문단	정확히 알려지지 않은 아리랑의 다양한 〔　　〕
3~4문단	민요를 구분하는 기준인 〔　　〕와 지역별 아리랑
5문단	민족을 하나로 연결해 주는 대표 〔　　〕인 아리랑

이 글의 내용과 일치하지 <u>않는</u> 것에 ∨ 표를 해 보세요.

☐ 민요는 지역에 따라 크게 다섯 가지로 나눌 수 있다.

☐ 지역마다 다른 민요의 음악적 특징을 토리라고 한다.

☐ 콧소리를 섞어 부르던 제주민요는 일정한 장단이 없다.

 구분하며 읽기

이 글과 <보기>를 통해 짐작한 내용으로 알맞지 <u>않은</u> 것에 ∨ 표를 해 보세요.

<보기>

　　우리나라는 태백산맥을 중심으로 동쪽과 서쪽의 토리가 다릅니다. 동쪽의 동부민요는 메나리토리를 사용합니다. 서쪽은 경토리의 경기민요, 육자배기토리의 남도민요, 수심가토리의 서도민요로 나뉩니다. 제주도는 제주만의 특별한 제주토리를 사용합니다.

☐ 외국 사람들이 가장 많이 아는 경기아리랑은 경토리를 사용했구나.

☐ 소리를 떨거나 꺾어서 부르는 진도아리랑은 수심가토리로 불렀구나.

☐ 정선아리랑과 밀양아리랑은 느낌은 다르지만 모두 메나리토리를 사용하는구나.

서술형

지역마다 토리가 다양한 까닭을 이 글에서 찾아 써 보세요.

교과 연계
미술 6
재미있는
애니메이션 세상

교과 융합
미술 ★ 과학

17 **애니메이션의 과학**
대화문

정답과 해설 37쪽

어휘로
만나기

1 빈칸에 들어갈 알맞은 어휘를 골라 써 보세요.

(잔상) (착시) (회전) (인지하다) (겹치다)

■ ☐☐☐☐☐ 를 일으키는 그림을 보고 각자 어떻게 보이는지 얘기했다.

뜻 시각적인 착각 현상.

■ 촛불을 바라보고 눈을 감자, 촛불의 ☐☐☐☐☐ 이 보였다.

뜻 눈에 보이던 사물이 없어진 뒤에도 잠시 희미하게 눈에 보이는 모습.

■ 동생이 돌린 팽이가 오랫동안 ☐☐☐☐☐ 하는 것을 지켜봤다.

뜻 어떤 것을 중심으로 물체가 빙빙 돎.

■ 청각이 발달한 그는 멀리서 들리는 소리를 ☐☐☐했다.

뜻 어떤 사실을 인정하여 알다.

■ 나는 다른 일정이 ☐☐쳐서 미술 대회에 참가할 수 없었다.

뜻 여러 사물이나 내용이 서로 한데 포개어지다.

---

* **잔상** 남을 殘 모양 像 * **착시** 섞일 錯 볼 視 * **인지** 알 認 알 知 * **회전** 돌 回 구를 轉

밑줄 친 어휘 중 주어진 한자가 쓰이지 <u>않은</u> 것을 찾아 ∨ 표를 해 보세요.

像
모양 상

☐ 애니메이션은 **잔상** 효과로 인해 움직이는 것처럼 보인다.

☐ 그 공원에 가면 **초상화**를 그려 주는 화가를 볼 수 있다.

☐ 보건소에서 무료로 건강 **상담**을 실시하고 있다.

☐ 나는 **영상** 자료를 본 후에 느낀 점을 말했다.

유의어 **3** 주어진 어휘와 뜻이 비슷한 어휘를 <보기>에서 찾아 빈칸에 써 보세요.

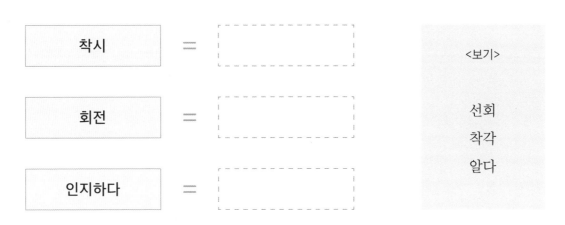

착시	=	
회전	=	
인지하다	=	

<보기>

선회

착각

알다

다의어 **4** 밑줄 친 어휘에 알맞은 뜻을 찾아 선으로 이어 보세요.

글에 **겹치는** 내용이
많아서 대폭
수정이 필요하다.   •

                              • 여러 가지 일이
                                 한꺼번에 일어나다.

지난 몇 주 동안
안 좋은 일이
겹쳐서 일어났다.   •

                              • 여러 사물이나
                                 내용이 서로 한데
                                 포개어지다.

**짧은 글로
만나기**

우리가 어떠한 것을 눈으로 보면, 조금 전에 본 것을 뇌가 기억하고 있어서 그다음에 본 것과 ㉠**겹쳐** 보입니다. 이러한 **착시**를 '**잔상** 효과'라고 합니다. 예를 들어 불빛을 한참 바라본 뒤에 다른 곳을 봐도 불빛의 모습을 잠깐 동안 볼 수 있습니다.

연속적인 모습을 담은 여러 화면을 빠르게 보면, 전에 본 화면의 잔상이 뇌에 남아 있어서 마치 화면 속 물체가 움직이는 것처럼 보입니다. 사람이 어떤 물체를 인지하는 데 걸리는 시간은 0.03초로, 이것보다 짧은 시간에 다른 물체를 보게 되면 잔상 효과를 느끼는 것입니다. 이러한 현상을 이용한 것이 바로 애니메이션입니다. 애니메이션은 보통 1초에 24장의 정지된 화면을 연속으로 빠르게 보여 주어 대상이 움직이는 것처럼 보이도록 합니다.

어휘 **5** ㉠과 바꿔 쓸 수 있는 어휘에 ○ 표를 해 보세요.

구겨져　　퍼져　　포개져　　접혀　　굴절돼

이해 **6** 이 글의 내용과 일치하는 것에 ∨ 표를 해 보세요.

☐ 사물이 빠르게 움직여서 실제보다 커 보이는 것을 잔상 효과라고 한다.

☐ 사람이 사물을 인지하는 데 시간이 오래 걸리기 때문에 착시가 일어난다.

☐ 정지된 화면을 연속으로 빠르게 보여 주면 대상이 움직이는 것처럼 보인다.

영화가 발명되기 이전, 19세기에는 잔상 효과를 이용한 애니메이션 장난 감이 유행했습니다. 1834년에 영국의 수학자 윌리엄 조지 호너는 조이트로 프라는 장난감을 만들었습니다. 조이트로프는 일정한 간격으로 세로로 길쭉한 구멍이 나 있는 원통 안에 연속적인 그림이 그려진 종이 띠를 둘러 붙인 것입니다. 원통을 ㉠**회전**시키면서 구멍 안을 들여다보면 마치 그림이 움직이는 것처럼 보입니다.

1876년에는 프랑스의 찰스 에밀 레이노가 조이트로프를 발전시켜 프락시노스코프를 만들었고, 이후 이 장치를 사용해 최초로 애니메이션을 상영했습니다. 하지만 이것은 애니메이션이 움직이는 원리만 실현한 것일 뿐, 인물과 줄거리가 있는 현재의 애니메이션 형태는 아니었습니다.

어휘 **7** ㉠의 쓰임이 알맞지 <u>않은</u> 것에 ∨ 표를 해 보세요.

☐ 친구는 다행히 나빠진 건강을 빠르게 **회전**했다.

☐ 그는 스케이트를 타고 기둥 주위를 거침없이 **회전**했다.

☐ 선풍기가 낡아서 녹이 슬었고 날개는 **회전**하지 않는다.

이해 **8** 이 글의 내용과 일치하는 것에 ○, 일치하지 않는 것에 × 표를 해 보세요.

- 조이트로프는 잔상 효과를 이용한 장난감이다.   (   )
- 윌리엄 조지 호너는 애니메이션을 처음 상영한 사람이다.   (   )
- 조이트로프를 회전시키면 그림이 움직이는 것처럼 보인다.   (   )

독/해/원/리 **요약하며 읽기**

글의 내용을 요약하면 글의 구조와 주제를 한눈에 파악할 수 있어요. 세부 내용이나 반복되는 내용은 삭제하고, 중심 내용을 찾아 정리하면서 글을 읽어 보세요.

다음 글을 자세히 읽고, 질문에 답해 보세요. [9~12]　　　　　⏱ 읽은 시간 : _____ 분

긴 글로 만나기

애니메이션의 과학

대화문

선생님 : 여러분, 애니메이션을 즐겨 보나요? 애니메이션은 여러 장의 그림을 빠르게 보여 주어 대상을 마치 살아 있는 것처럼 움직이게 만든 영화입니다.

수민 : 멈춰 있는 그림이 어떻게 우리 눈에는 움직이는 것처럼 보이는 건가요?

선생님 : 애니메이션이 움직이는 것처럼 보이는 까닭은 바로 **잔상** 효과라는 **착시** 때문이에요.

민희 : 착시라는 말은 알고 있어요. 우리 눈이 착각하는 현상이에요. 그런데 잔상 효과는 무엇인가요?

선생님 : 우리가 어떤 물체를 보면, 먼저 물체에 반사된 빛이 눈으로 들어와 망막*에 상*이 생깁니다. 그리고 망막에 생긴 상이 시각 신경을 통해 뇌로 전달되고, 뇌가 물체를 **인지하게** 됩니다. 그런데 우리가 본 물체가 사라진 뒤에도 우리 뇌에는 방금 인지한 물체의 상이 잠시 남아 있게 됩니다. 이 상을 잔상이라고 해요. 먼저 본 물체의 잔상이 사라지기 전에 다음 물체를 보면 두 물체가 **겹쳐** 보이게 되는데, 이것을 잔상 효과라고 합니다.

민희 : 조금 전에 본 것을 뇌가 기억하고 있어서 다음에 본 것과 겹쳐 보이는 거구나. 그래서 애니메이션의 그림이 자연스럽게 연결되어 움직이는 걸로 보이는 거죠?

선생님 : 맞아요. 이러한 애니메이션의 원리를 잘 보여 주는 조이트로프라는 장난감이 있습니다. 종이에 연속되는 동작을 그리고, 검은색 원통 안에 둘러 붙입니다. 그런 다음 원통을 세게 **회전**시키면 그림이 마치 움직이는 것처럼 보이는 장난감입니다.

수민 : 어렸을 때 조이트로프를 만들어 본 적이 있어요! 조이트로프를 세게 돌리면 제가 그린 그림이 움직이는 것처럼 보여서 정말 신기했어요.

> *망막 : 눈의 가장 안쪽에 있는 막으로, 물체의 상이 맺히는 곳.
> *상 : 빛이 거울이나 렌즈에 의해 반사하거나 굴절한 뒤에 모여서 생긴 물체의 형상.

구조 **9** 이 글의 내용을 요약하며 빈칸에 알맞은 말을 찾아 써 보세요.

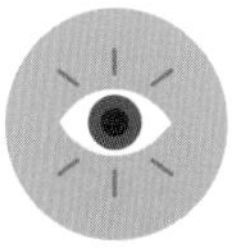

눈으로 물체를 보면 [   ]가 물체를 인지한다.

↓

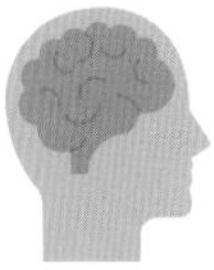

물체가 사라져도 뇌에는 물체의 [   ]이 남아 있다.

↓

이 상태에서 다른 물체를 보면 서로 [   ] 보인다.

이해 **10** 이 글의 내용과 일치하지 <u>않는</u> 것을 골라 보세요. (   )

① 눈으로 물체를 보면 망막에 상이 생긴다.
② 애니메이션은 잔상 효과를 이용한 것이다.
③ 애니메이션은 여러 장의 그림을 빠르게 보여 준다.
④ 물체를 보고 시간이 많이 흐른 뒤에도 잔상은 없어지지 않는다.
⑤ 물체가 사라진 뒤에도 우리 뇌에는 물체의 상이 잠시 남아 있다.

추론 **11** 잔상 효과로 알맞지 <u>않은</u> 것에 ∨ 표를 해 보세요.

☐ 형광등을 오래 보다가 다른 곳을 보아도 형광등의 모습이 희미하게 보인다.

☐ 세로줄 무늬가 있는 옷을 입으면 실제보다 키가 더 크고 몸이 마른 것처럼 보인다.

☐ 책 귀퉁이마다 그림을 그린 후, 책장을 빨리 넘기면 그림이 움직이는 것처럼 보인다.

서술형
이해 **12** 애니메이션이 움직이는 것처럼 보이는 까닭을 이 글에서 찾아 써 보세요.

먼저 본 그림의 잔상이 사라지기 전에 다음 그림을 보면 _____

_____ 움직이는 것처럼 보입니다.

18 가을철 등산 안전사고 주의해야
뉴스 원고

정답과 해설 39쪽

**어휘로
만나기**

1 빈칸에 들어갈 알맞은 어휘를 골라 써 보세요.

(안전) (보도) (급증) (유의) (번지다)

■ [   ] 요원이 재빨리 구해 줘서 크게 다치지 않았다.

　뜻 위험이 생기거나 사고가 날 염려가 없음.

■ 요즘 야외 활동을 하는 사람들이 [   ] 하고 있다.

　뜻 갑작스럽게 늘어남.

■ 산불이 바람을 타고 빠르게 [졌다].

　뜻 병이나 불, 전쟁 따위가 차차 넓게 옮아가다.

■ 그 신문은 항상 [   ] 내용이 정확하다.

　뜻 대중 전달 매체를 통해 사람들에게 새로운 소식을 알림.

■ 산행할 때는 낙엽을 밟고 미끄러지지 않도록 각별한 [   ] 가 필요하다.

　뜻 마음에 새겨 두어 조심하며 관심을 가짐.

* **안전** 편안할 安 온전할 全 * **보도** 알릴 報 길 道 * **급증** 급할 急 더할 增 * **유의** 머무를 留 뜻 意

밑줄 친 어휘 중 주어진 한자가 쓰이지 <u>않은</u> 것을 찾아 ∨ 표를 해 보세요.

安
편안할 안

☐ 야외에서 활동할 때는 **안전**사고에 항상 유의해야 한다.

☐ 여드름은 짜지 말고 깨끗하게 **세안**을 하는 것이 좋다.

☐ 조용한 음악이 떨리는 마음에 **안정**을 가져다 주었다.

☐ 나는 전학을 간 친구에게 오랜만에 **안부**를 물었다.

주어진 어휘와 뜻이 비슷한 어휘를 <보기>에서 찾아 빈칸에 써 보세요.

보도	=	
급증	=	
유의	=	

<보기>

증가

유념

소식

밑줄 친 어휘에 알맞은 뜻을 찾아 선으로 이어 보세요.

나쁜 소문이 교실에 급속히 **번졌다**.

말이나 소리 따위가 옮아 퍼지다.

유행성 눈병이 우리 반에 **번졌다**.

병이나 불, 전쟁 따위가 차차 넓게 옮아가다.

**짧은 글로
만나기**

     ⑦   사고란 위험이 발생할 수 있는 장소에서 **안전** 수칙을 지키지 않거나, 부주의하여 일어나는 사고를 말합니다. 안전사고는 언제 어디서나 일어날 수 있으므로 항상 주의해야 합니다. 매일 시간을 보내는 집과 학교는 물론 야외 활동 중에도 안전 수칙을 지켜야 합니다.

    끼임, 부딪힘, 미끄러짐, 베임, 화상 등의 안전사고가 일어나면 당황하지 말고 침착하게 대처해야 합니다. 상처가 났을 때는 깨끗한 물로 상처 부위를 씻고 잘 말립니다. 그리고 연고를 바른 후 반창고를 붙입니다. 화상을 입었을 때는 재빨리 약하게 흐르는 찬물이나 물에 적신 물수건으로 열기를 식혀 줍니다. 화상으로 인해 물집이 생기면 터뜨리지 않습니다.

어휘 **5** ⑦에 들어갈 어휘로 가장 알맞은 것에 ○ 표를 해 보세요.

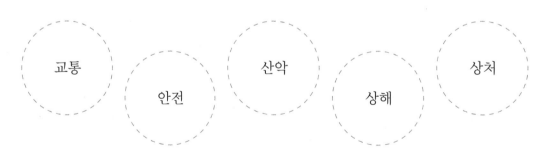

교통   안전   산악   상해   상처

주제 **6** 이 글의 중심 내용으로 가장 알맞은 것에 ∨ 표를 해 보세요.

☐ 화상 사고 예방 방법

☐ 학교에서 일어나는 안전사고 종류

☐ 안전사고의 뜻과 안전사고 대처 방법

뉴스에서 앵커가 '○○○ 기자가 ⑦**보도**합니다'라고 하는 말을 많이 들을 수 있습니다. 보도는 신문이나 방송으로 새로운 소식을 사람들에게 널리 알리는 것입니다. 그렇다면 수많은 소식 가운데서 어떤 것을 선택하여 뉴스로 보도할까요?

신문사와 방송사는 여러 가지 기준으로 뉴스를 선택합니다. 먼저 최근에 일어난 사건인지를 파악하는 '시의성'이 있습니다. 또 얼마나 많은 사람에게 영향을 주는 소식인지 판단하는 '영향성'이 있습니다. 뉴스를 보도하는 지역과 사건이 일어난 지역의 거리를 파악하는 '근접성', 그리고 일상에서 반복되지 않는 예외적인 사건인지 보는 '예외성' 등이 뉴스를 보도하는 기준이 됩니다. 뉴스는 이러한 기준을 통해 선정되어 사람들에게 전달됩니다.

어휘 **7** 밑줄 친 어휘가 ⑦과 같은 뜻으로 쓰이지 <u>않은</u> 것에 ∨ 표를 해 보세요.

☐ 오늘 뉴스에서는 홍수에 대한 **보도**가 많았다.

☐ 방송국 기자의 **보도**를 통해 사건을 알게 되었다.

☐ 이 **보도**를 따라 10분간 걸으면 목적지에 도착한다.

추론 **8** '예외성'의 사례로 알맞지 <u>않은</u> 것에 ∨ 표를 해 보세요.

☐ 가족이 주말에 외식을 한 일

☐ 20년 만의 폭설로 도로가 마비된 일

☐ 이번 명절에 고속도로 통행료가 무료라는 소식

독/해/원/리 **정보를 정리하며 읽기**

글에 나오는 정보가 많을 때는 중요한 정보에 밑줄 치며 읽으면 내용을 정리하는 데 도움이 됩니다. 반복적으로 등장하는 낱말이나 숫자를 정리하며 글을 읽어 보세요.

다음 글을 자세히 읽고, 질문에 답해 보세요. [9~12]   읽은 시간 : _____ 분

긴 글로 만나기

가을철 등산 안전사고 주의해야
뉴스 원고

2021년 9월 27일 07 :17

앵커 : 가을바람이 선선해지면서 산을 찾는 분들이 늘고 있는데요. 그만큼 **안전**사고도 **급증**하고 있습니다. 김주영 기자가 **보도**합니다.

기자 : 발목을 접질린 한 남성이 헬기에 의해 가까스로 구조됩니다. 뱀에 물린 한 여성이 발에 수건을 묶은 채로 다급하게 구급차에 오릅니다. 해마다 가을이 오면 이와 같은 등산 안전사고가 급증합니다. 소방재난본부에 따르면 최근 3년간 산악 구조 활동은 총 4,389건으로 2018년 1,332건, 2019년 1,312건, 그리고 2020년에는 1,745건을 기록했습니다. 전년도보다 약 33퍼센트나 증가한 수치입니다.

앵커 : 코로나19로 인해 비교적 거리 두기가 쉬운 캠핑장, 산 등 야외로 사람이 몰리는 까닭도 있겠군요.

기자 : 네, 그렇습니다. 소방재난본부 관계자는 지난해에 산악 구조 활동 및 구조 인원이 많이 증가한 것은, 코로나19로 인한 산행 인구의 증가가 영향을 끼친 것으로 보인다고 밝혔습니다.

앵커 : 늘어나는 등산 안전사고, 어떻게 하면 예방할 수 있을까요?

기자 : 등산을 할 때 무엇보다 중요한 것은 자신의 체력을 알고 무리하지 않게 등산 계획을 짜는 것입니다. 정해진 등산로로만 다니고, 해가 지기 전에 산에서 내려와야 합니다. 만일 길을 잃으면 산악 위치 표지판을 찾아 자신의 위치를 알릴 수 있습니다. 또 가을 산에서는 낙엽을 조심해야 합니다. 마른 낙엽에 불이 붙으면 큰 산불로 **번질** 수 있고, 낙엽에 미끄러져 넘어지는 사고도 빈번합니다. 특히 산에서 내려올 때 다리에 긴장이 풀려 낙상* 사고가 많으니 **유의**해야 합니다.

앵커 : 등산 안전사고, 안전 수칙만 숙지하면 얼마든지 예방할 수 있겠습니다.

* **낙상** : 떨어지거나 넘어져서 다침.

정보를 정리하며 읽기

구조 **9** 이 글의 정보를 정리하며 빈칸에 알맞은 숫자를 찾아 써 보세요.

산악 구조 활동 건수		
2018년	2019년	2020년
☐ 건	1,312건	☐ 건 (약 ☐ 퍼센트 증가)

이해 **10** 이 글의 내용과 일치하지 <u>않는</u> 것을 골라 보세요. ( )

① 가을철 산에서는 낙엽에 미끄러지는 사고가 잦다.

② 등산할 때는 최대한 다양한 등산로를 경험하는 것이 좋다.

③ 가을철에 등산하는 사람이 늘면서 등산 안전사고도 늘어났다.

④ 코로나19로 인해 사람들이 거리 두기가 쉬운 야외로 몰리고 있다.

⑤ 산에서 길을 잃으면 산악 위치 표지판을 찾아 자신의 위치를 알릴 수 있다.

추론 **11** 이 글과 <보기>를 통해 짐작한 내용으로 알맞은 것에 ∨ 표를 해 보세요.

<보기>

등산하기 전에는 안전사고 대처 방법을 알아야 합니다. 벌에 쏘였을 때는 벌침을 딱딱한 종이로 살살 긁어내듯 제거합니다. 뱀에 물렸을 때는 물린 부위를 심장 아래로 향하게 하고, 최대한 피가 통하지 않게 5~10센티미터 위를 손수건 등으로 묶습니다.

☐ 등산 안전사고 중에서 뱀에 물리는 안전사고가 가장 많으니 조심해야 해.

☐ 벌에 물렸을 때는 물린 부위를 심장 아래로 향하게 하는 것이 가장 중요해.

☐ 안전사고를 예방하는 것도 중요하지만 침착하게 사고에 대처하는 것도 중요해.

추론 **12** 이 글을 읽고 답을 찾을 수 있는 질문에 ∨ 표를 해 보세요.

☐ 안전한 등산을 위해 필요한 준비물은 무엇인가요?

☐ 2020년에 등산 안전사고가 급증한 까닭은 무엇인가요?

☐ 야외 활동 중 사람들이 가을철에 가장 많이 하는 활동은 무엇인가요?

교과 연계
실과 6
가정생활과 요리

교과 융합
실과 ★ 사회

19 한 그릇 음식, 뚝딱!
설명문

정답과 해설 41쪽

**어휘로
만나기**

1 빈칸에 들어갈 알맞은 어휘를 골라 써 보세요.

| 열대 | 균형 | 방지 | 상하다 | 볶다 |

■ [   ] 있는 몸매를 원한다면 여러 가지 음식을 골고루 섭취해야 한다.

뜻 어느 한쪽으로 기울거나 치우치지 아니하고 고른 상태.

■ 어젯밤에 [   ]한 통조림을 먹고 배탈이 나서 응급실에 갔다.

뜻 음식이 변하거나 썩어서 먹을 수 없게 되다.

■ 음식이 부패하는 것을 [   ]하기 위해서 소금을 넣었다.

뜻 어떤 일이나 현상이 일어나지 못하게 막음.

■ 유학을 떠난 언니는 [   ]은 고추장이 먹고 싶다고 말했다.

뜻 물기를 거의 뺀 음식을 불 위에 놓고 이리저리 저으면서 익히다.

■ [   ] 기후 지역은 소금에 절인 음식이 발달했다.

뜻 적도에 가까운 지대로, 기온이 높고 강수량이 많은 지역.

---

* **열대** 더울 熱 띠 帶 * **상하다** 상처 傷 * **방지** 막을 防 그칠 止 * **균형** 고를 均 저울대 衡

밑줄 친 어휘 중 주어진 한자가 쓰이지 <u>않은</u> 것에 ∨ 표를 해 보세요.

熱
더울 열

☐ **열대** 기후 지역은 일 년 내내 기온이 높다.
☐ 그릇에 작은 **균열**이 생겨서 물이 새어 나왔다.
☐ **과열** 경쟁으로 인한 청소년 우울증이 증가했다.
☐ 그는 학예회를 앞두고 첼로 연주에 **열정**을 쏟았다.

주어진 어휘와 뜻이 비슷한 어휘를 <보기>에서 찾아 빈칸에 써 보세요.

균형	=	
방지	=	
상하다	=	

<보기>

썩다
평형
예방

밑줄 친 어휘에 알맞은 뜻을 찾아 선으로 이어 보세요.

프라이팬에 기름을 두르고 김치를 **볶았다**.	•	•	사람을 귀찮을 정도로 재촉하며 괴롭히다.
형은 청소하라고 나를 들들 **볶았다**.	•	•	음식을 불 위에 놓고 이리저리 저으면서 익히다.

**짧은 글로
만나기**

우리는 보통 밥을 중심으로 고기, 채소, 해산물 등으로 조리한 여러 가지 반찬을 곁들여 먹습니다. 하지만 한 그릇 음식으로도 식사를 할 수 있습니다. 한 그릇 음식은 밥과 반찬을 한 그릇에 조화롭게 담아 만든 음식으로, 한 끼에 필요한 영양소가 골고루 들어가 있습니다. 영양소는 우리 몸을 구성하고 에너지를 공급하는 역할을 하는 물질로, 탄수화물과 단백질, 지방, 무기질, 비타민, 물은 우리 몸에 꼭 필요한 여섯 가지 영양소입니다.

밥을 이용한 한 그릇 음식에는 비빔밥, 볶음밥, 카레라이스 등이 있습니다. 탄수화물이 주된 영양소인 밥에 단백질, 무기질, 비타민 등이 함유된 재료를 넣어 만듭니다. 한 그릇 음식은 보통 간편하게 만들 수 있고, 다양한 재료를 적절히 넣어서 만들면 ㉠**균형** 있는 식사를 할 수 있다는 장점이 있습니다.

어휘 **5** ㉠의 쓰임이 알맞지 <u>않은</u> 것에 ∨ 표를 해 보세요.

☐ 도시의 **균형** 있는 발전 방안에 대해 토론회가 열렸다.

☐ 현준이는 평행봉 위에서 **균형**을 잡으려고 안간힘을 썼다.

☐ 고고학자들은 유물의 **균형**이 손상되지 않도록 조심히 다뤘다.

이해 **6** 빈칸에 들어갈 알맞은 말을 이 글에서 찾아 써 보세요.

우리 몸에 꼭 필요한 여섯 가지 [　　　　]는 탄수화물, 단백질,

지방, [　　　　], [　　　　], 물이다.

세계 여러 나라 사람들의 생활 모습은 매우 다양하며, 나라마다 즐겨 먹는 음식은 기후와 같은 자연환경에 영향을 받습니다.

우리나라처럼 사계절 변화가 뚜렷한 온대 기후 지역은 제철* 재료를 이용한 계절 요리가 발달했습니다. 일 년 내내 기온이 높고 강수량이 많아 음식이 빨리 ㉠**상하는** 열대 기후 지역은 소금에 절인 음식과 소스와 함께 튀긴 음식이 발달했습니다. 반대로 일 년 내내 기온이 매우 낮은 한대 기후 지역은 수렵과 어업 활동으로 얻은 육류와 어류를 오래 보관하기 위해 건조나 냉동, 훈제 보관법이 발달했습니다. 물이 부족한 건조 기후 지역에서는 오아시스 부근에서 재배한 보리, 밀, 대추야자 등을 먹고, 냉대 기후 지역에서는 식사할 때 추위를 견디기 위해 술을 함께 마시기도 합니다.

* 제철 : 알맞은 시기나 때.

어휘 **7** 밑줄 친 어휘가 ㉠과 같은 뜻으로 쓰인 것에 ∨ 표를 해 보세요.

☐ 나는 공모전에 떨어졌다는 소식을 듣고 마음이 **상해서** 펑펑 울었다.

☐ 우유는 실온에 두면 **상할** 수 있으니 냉장고에 넣어 두는 게 안전하다.

☐ 연주회 준비를 위해 밤늦게까지 악기를 연습한 탓에 그의 어깨가 **상했다**.

이해 **8** 이 글의 내용과 일치하는 것에 ○, 일치하지 않는 것에 × 표를 해 보세요.

■ 한대 기후 지역은 냉동, 훈제 보관법이 발달했다.   (   )

■ 건조 기후 지역에서는 소금에 절인 음식을 먹는다.   (   )

■ 우리나라는 사계절 변화가 뚜렷한 냉대 기후에 속한다.   (   )

독/해/원/리 **관용어를 이해하며 읽기**

관용어의 뜻을 파악하기 위해서는 관용어가 있는 문장의 앞뒤 문장을 살펴보거나, 관용어에 사용된 낱말의 뜻을 생각하며 글을 읽어 보세요.

다음 글을 자세히 읽고, 질문에 답해 보세요. [9~12]　　　　읽은 시간 : _____ 분

**긴 글로
만나기**

한 그릇 음식, 뚝딱!
설명문

　나시고랭은 밥을 해산물이나 육류, 각종 채소, 달콤하고 매콤한 소스 등과 함께 센 불에서 빠르게 **볶아** 만드는 인도네시아식 볶음밥입니다. 인도네시아는 **열대** 기후 지역으로 일 년 내내 기온이 높고 강수량이 많습니다. 그래서 냉장 시설이 발달하지 않은 옛날에는 음식이 **상하기** 쉬웠습니다. 이를 **방지**하기 위해 가정에서는 전날 먹고 남은 음식 재료에 밥을 볶아 아침 식사로 먹었습니다. 오늘날에 이르러서는 식사 시간에 구분 없이 즐겨 먹는 한 그릇 음식이 되었습니다. 간편하게 먹을 수 있으면서도 **균형** 잡힌 식사를 할 수 있는 나시고랭을 만들어 볼까요?

■ **재료**

　밥 한 공기, 새우 5개, 자른 오징어 약간, 양파 1/4개, 파프리카 1/4개, 당근 약간, 토마토 1/2개, 마늘 두 쪽*, 숙주 한 줌*, 달걀 1개

■ **양념 재료**

　간장 1큰술*, 굴 소스 1큰술, 멸치액젓 1/2큰술, 맛술 1큰술, 올리고당 1큰술

■ **만드는 방법**

　1. 모든 양념을 그릇에 넣은 다음 골고루 섞어 주세요.

　2. 당근, 파프리카, 양파, 마늘은 손톱만 한 크기로 자르고, 토마토는 그보다 크게 잘라 주세요.

　3. 흰자와 노른자를 섞은 달걀물을 예열된 프라이팬에 넣고 젓가락으로 저어 가며 익힌 다음, 그릇에 옮겨 두세요.

　4. 프라이팬을 중불에서 2분 정도 예열한 다음, 기름을 두르고 마늘을 넣고 볶아 주세요. ㉠눈 깜짝할 사이에 마늘이 탈 수 있으니 주의하세요.

　5. 마늘 향이 나기 시작하면 새우와 오징어를 넣고 볶아 주세요.

　6. 새우와 오징어가 어느 정도 익으면 당근, 파프리카, 양파를 넣고 볶다가 숙주와 토마토를 넣어 같이 볶아 주세요.

　7. 밥과 양념, 미리 만들어 둔 달걀을 넣고 다 같이 볶아 주세요.

* 쪽 : 마늘을 세는 단위.　* 줌 : 주먹의 준말.　* 큰술 : 음식물을 숟가락에 담아 그 분량을 세는 단위.

이해 **9** 인도네시아에서 나시고랭을 만들어 먹은 까닭으로 알맞은 것에 ∨ 표를 해 보세요.

☐ 아침 식사로 먹을 만한 음식이 마땅히 없었기 때문이다.

☐ 냉장고에 넣어서 보관하면 오래 두고 먹을 수 있었기 때문이다.

☐ 전날 남은 음식 재료가 상하는 것을 방지할 수 있었기 때문이다.

이해 **10** 괄호 안에 들어갈 낱말이 순서대로 알맞게 짝지어진 것에 ∨ 표를 해 보세요.

그는 고추기름 한 ( )을 넣고 고기를 볶았다.	나는 배가 고파서 밥을 두 ( )나 먹었다.	아버지는 아침마다 마늘 두 ( )을 드신다.

☐ 공기-쪽-큰술   ☐ 큰술-공기-쪽   ☐ 쪽-공기-큰술   ☐ 큰술-쪽-공기

💡 관용어를 이해하며 읽기

추론 **11** ㉠의 관용어가 쓰인 문장으로 어색한 것에 ∨ 표를 해 보세요.

☐ 할머니는 눈 깜짝할 사이에 맛있는 떡볶이를 만들어 주셨다.

☐ 나는 버스를 기다리다가 눈 깜짝할 사이에 도시락 가방을 잃어버렸다.

☐ 어머니는 약재를 눈 깜짝할 사이에 달여야 보약이 된다고 말씀하셨다.

✏️ 서술형

이해 **12** 다음은 학생이 쓴 가상의 편지입니다. 밑줄에 들어갈 말을 이 글에서 찾아 써 보세요.

> 하림아, 안녕! 이번 여름방학 때 가족들과 인도네시아 발리로 여행을 간다고 들었어. 인도네시아는 열대 기후 지역으로 _____.
> 그러니까 모자와 우산을 꼭 챙기렴. 그리고 나시고랭을 꼭 먹고 오렴!

20 우리 집 주말농장을 소개합니다
생활문

정답과 해설 43쪽

어휘로 만나기

1 빈칸에 들어갈 알맞은 어휘를 골라 써 보세요.

보존   천연   유지   기름지다   기르다

■ 할아버지는 [   ] 비료를 사용하여 친환경 농사를 지으신다.

뜻 사람의 힘을 가하지 않은 상태.

■ 병을 이겨 내신 아버지는 건강 [   ]를 위해 꾸준히 운동하신다.

뜻 어떤 상태나 상황을 그대로 보존하거나 변함없이 계속하여 지탱함.

■ 부모님은 주말농장에서 다양한 채소를 [신다].

뜻 동식물을 보살펴 자라게 하다.

■ 국립 공원은 생태계를 [   ]하기 위해 지정된 곳이다.

뜻 중요한 것을 잘 보호하여 그대로 남김.

■ 이 땅은 강이 가깝고 햇빛이 잘 드는 곳이라서 [   ].

뜻 땅이 양분이 많다.

＊**보존** 지킬 保 있을 存   ＊**천연** 하늘 天 그러할 然   ＊**유지** 유지할 維 가질 持

주어진 한자가 쓰인 어휘를 <보기>에서 찾아 빈칸에 써 보세요.

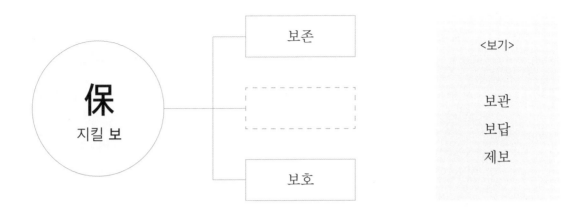

두 어휘의 뜻이 서로 비슷하면 =, 반대이면 ↔ 표를 해 보세요.

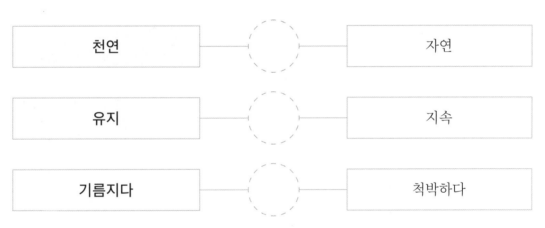

밑줄 친 어휘에 알맞은 뜻을 찾아 그 기호를 써 보세요.

기르다	⊙ 동식물을 보살펴 자라게 하다.
	ⓛ 습관 따위를 몸에 익게 하다.
	ⓒ 사람을 가르쳐 키우다.

(1) 어머니의 취미는 베란다에서 식물을 **기르는** 것이다. ( )

(2) 나는 어릴 적부터 아침에 일찍 일어나는 습관을 **길렀다**. ( )

(3) 훌륭한 제자를 많이 **길러** 내신 선생님께 감사패를 드렸다. ( )

짧은 글로 만나기

기존에는 식량을 많이 생산하기 위해 화학 비료, 화학 농약, 항생제 등을 사용하여 농사를 짓고 동물을 길렀습니다. 그 결과 농축산물의 생산량은 크게 늘어났지만 농산물에 남아 있는 화학 농약과 축산물에 남은 항생제로 인해 환경과 건강 문제가 발생했습니다. 이를 해결하기 위해 농업과 환경을 모두 생각하는 친환경 농업이 발달하고 있습니다.

먼저 ㉠천연 비료와 천연 농약을 사용하는 농법이 있습니다. 천연 비료와 농약을 사용하면 환경이 오염되는 것을 줄일 수 있습니다. 농약 대신 동물을 이용하여 해충과 잡초를 없애는 방법도 있습니다. 또 가축을 기를 때 넓고 쾌적한 환경을 제공하면 항생제 사용을 줄일 수 있습니다.

어휘 **5** ㉠의 쓰임이 알맞지 <u>않은</u> 것에 ∨ 표를 해 보세요.

☐ 이 물은 **천연** 샘물로 맛이 아주 좋다.

☐ 석유는 땅속에서 **천연**으로 나는 기름이다.

☐ 얼마 전 시청 앞에 설치된 **천연** 폭포의 공사가 끝났다.

추론 **6** 친환경 농업으로 알맞지 <u>않은</u> 것에 ∨ 표를 해 보세요.

☐ 화학 농약을 이용해 해충을 없애는 과수원

☐ 가축의 배설물로 만든 천연 비료를 뿌린 밭

☐ 좁은 축사가 아닌 넓은 초원에서 소를 기르는 농장

스마트팜은 농업에 통신 기술을 결합하여 농작물이나 가축을 자동으로 관리하고 **기르는** 첨단* 농장입니다. 스마트팜은 스마트폰이나 컴퓨터로 온도, 습도, 빛의 양 등을 조절할 수 있습니다. 언제, 어디서든 수시로 농장의 환경을 점검하고 효율적으로 관리할 수 있습니다.

스마트팜은 에너지를 절약하고, 비료나 항생제의 사용을 줄일 수 있는 친환경 농업이기도 합니다. 또 생산비와 노동력을 줄일 수 있어 농촌의 부족한 인력 문제를 해결해 줍니다. 최근 스마트팜을 활용하여 생산량과 소득을 크게 높이는 농가가 늘고 있습니다. 이처럼 스마트팜은 효율적인 방법으로 환경과 자원을 **보존**하여 더 나은 미래를 열고 있습니다.

* **첨단** : 시대나 학문, 유행 등의 가장 앞서는 자리.

이해 **7** 빈칸에 들어갈 알맞은 말을 이 글에서 찾아 써 보세요.

스마트팜은 농업에 [ ] 기술을 접목하여

스마트폰으로 언제, 어디서든 농장을 [ ] 적으로 관리할 수 있다.

이해 **8** 이 글의 내용과 일치하는 것에 ○ , 일치하지 않는 것에 × 표를 해 보세요.

■ 스마트팜은 농촌의 인력 부족 문제를 해결해 준다. ( )

■ 스마트팜은 환경과 자원을 보존하여 더 나은 미래를 연다. ( )

■ 스마트팜은 일반적인 농업보다 생산비와 노동력이 더 필요하다. ( )

독/해/원/리 **낱말의 뜻을 짐작하며 읽기**

낯선 낱말이 등장했을 때 글의 앞뒤 문맥을 살펴보면 뜻을 추측할 수 있어요. 비슷한 뜻을 가진 다른 낱말을 대신 넣어 보는 것도 좋은 방법입니다.

다음 글을 자세히 읽고, 질문에 답해 보세요. [9~12]　　　　🕐 읽은 시간 : _____ 분

우리 집 주말농장을 소개합니다

생활문

긴 글로 만나기

　우리 부모님은 주말 아침이 되면 근교에 있는 주말농장으로 가신다. 부모님은 화학 농약을 사용하지 않은 농작물을 직접 재배하기 위해 주말농장을 시작하셨다. 배추, 시금치, 고추 등 싱싱한 채소를 **기르기도** 하시고, 계절마다 다른 꽃을 심어 가꾸기도 하신다. 이렇게 화학 농약을 사용하지 않고 환경을 **보존**하는 농업을 '친환경 농업'이라고 한다. 실과 수업 시간에 배운 친환경 농업을 직접 눈으로 보고 경험하고 싶어서 이번에는 나도 부모님을 따라 주말농장에 갔다.

　주말농장에 도착하자 아버지는 나에게 뽀얀 액체가 담긴 분무기 하나를 주셨다. 계란과 식용유로 만든 **천연** 농약이었다. 화학 농약 대신 이 계란 농약을 상춧잎에 뿌리면 잎 표면에 얇은 막이 생겨 벌레가 잎을 먹지 못한다고 한다.

　상추에 계란 농약을 뿌리고 방울토마토가 있는 곳으로 이동했다. 싱싱해 보이는 방울토마토를 만지는데 잎 곳곳에서 무당벌레가 보였다. 어머니께 여쭤보니 무당벌레를 이용한 '천적* 농법'이라고 하셨다. 무당벌레는 식물의 즙을 빨아 먹고 사는 해충인 진딧물을 잡아먹는다. 그래서 농약 대신 무당벌레가 해충으로부터 농작물을 지켜 준다. 작고 귀여운 무당벌레가 방울토마토를 지켜 주는 것이 기특했다.

　무당벌레 이외에도 다른 동물을 이용한 친환경 농법을 학교에서 배운 적이 있다. 오리가 논의 잡초와 해충을 먹는 ㉠습성을 이용한 오리 농법, 잡초를 먹는 우렁이를 이용한 우렁이 농법, 그리고 지렁이의 배설물을 이용해 흙을 **기름지게** 만드는 지렁이 농법이 있다. 화학 비료나 농약 대신 동물들이 도와준 덕분에 좋은 쌀을 먹게 된다는 것이 신기하고 고마웠다.

　친환경 방식으로 농작물을 재배하고 있는 것을 보니, 소중한 자연환경을 **유지**할 수 있을 것 같다는 생각이 들었다. 친환경 농업으로 건강한 먹거리를 만들고, 자연을 보호하면 미래에도 깨끗한 환경에서 살 수 있을 것이다. 지속 가능한 미래를 위해 앞으로 더 다양한 방법의 친환경 농업이 환경을 지켜 주었으면 좋겠다.

*천적 : 잡아먹는 동물을 잡아먹히는 동물에 상대하여 이르는 말.

이해 **9** 이 글의 내용과 일치하지 <u>않는</u> 것을 골라 보세요.　　　　　　　　　(　　　　　)

① 친환경 농업은 지속 가능한 미래를 만들어 준다.

② 친환경 농업은 자연을 보호하고 건강한 먹거리를 제공한다.

③ 천적 농법은 농약 대신 천적인 동물로 해충을 잡는 농법이다.

④ 지렁이 농법은 지렁이가 잡초를 먹는 습성을 이용한 농법이다.

⑤ 글쓴이의 주말농장에서는 화학 농약 대신 천연 농약을 사용한다.

💡 낱말의 뜻을 짐작하며 읽기

추론 **10** ㉠의 뜻을 바르게 짐작하지 <u>못한</u> 친구를 골라 보세요.　　　　　　(　　　　　)

① 은지 : 습성은 습관이랑 뜻이 같지는 않지만 비슷한 말이야.

② 수연 : 이 글에서는 습성을 습관으로 바꾸어 쓰면 조금 어색한 것 같아.

③ 하영 : 그럼 습관이랑 비슷한 버릇으로 바꾸어 쓰면 자연스러운 것 같아.

④ 태수 : 앞뒤 문장을 살펴보면 '습관처럼 굳어져 버린 성질'이라는 뜻은 아닐거야.

⑤ 은호 : 오리가 잡초와 해충을 먹는다고 했으니, 한 동물 내에서 공통되는 어떤 행동을 말하는 것 같아.

추론 **11** 이 글과 <보기>를 통해 짐작한 내용으로 알맞지 <u>않은</u> 것에 ∨ 표를 해 보세요.

<보기>

　　동물과 곤충을 이용한 친환경 농법 외에도 음악을 이용한 '그린 음악 농법'이 있습니다. 그린 음악 농법은 식물에게 음악을 들려주어 해충의 번식을 막는 친환경 농법입니다. 식물에게 음악을 들려주면 식물이 양분을 더욱 잘 흡수하게 되고, 병충해에 강해진다고 합니다.

☐ 무당벌레로 진드기를 잡는 방법은 곤충을 이용한 친환경 농법에 해당한다.

☐ 그린 음악 농법은 흙을 기름지게 해 주어 식물의 성장을 더욱 빠르게 한다.

☐ 농작물을 재배할 때 화학 농약 대신 친환경적인 방법으로 해충을 없앨 수 있다.

✏️ 서술형

이해 **12** 글쓴이의 주말농장에서 이용하는 친환경 농법 두 가지를 이 글에서 찾아 써 보세요.

글쓴이의 가족은 주말농장에서 ＿＿＿＿＿＿＿＿＿＿＿＿＿＿＿＿＿＿＿＿＿＿ 을

이용하여 농사를 짓습니다.

정답과 해설 45쪽

[1~6]   다음 뜻풀이에 알맞은 어휘를 오른쪽 글 상자에서 찾아 동그라미 해 보세요.

1.   시각적인 착각 현상.

2.   사람의 힘을 가하지 않은 상태.

3.   풍속과 습관을 아울러 이르는 말.

4.   어느 한쪽으로 기울거나 치우치지 않고 고른 상태.

5.   권력이나 힘으로 남이 원하지 않는 일을 억지로 시킴.

6.   대중 전달 매체를 통하여 사람들에게 새 소식을 알림.

예	보	도	블	도	로
이	육	시	력	망	골
천	재	풍	습	숙	균
연	사	실	독	제	형
파	구	정	직	강	머
랑	착	시	법	제	사

[7~10]   밑줄 친 어휘와 뜻이 비슷한 어휘를 <보기>에서 골라 괄호 안에 써 보세요.

<보기>	유지	회전	억양	가락

7.   그 노래의 **멜로디**는 활기차고 부드러웠다.   (   )

8.   부산 사투리는 단어마다 **어조**가 있어 운율이 느껴진다.   (   )

9.   그는 세계 평화의 **지속**을 위해 전쟁 반대 운동에 참여했다.   (   )

10.   그 회사는 **선회** 능력이 뛰어난 자동차를 만들기 위해 연구했다.   (   )

[11~13]   빈칸 안에 들어갈 알맞은 어휘에 ○ 표를 해 보세요.

11.   나희는 거짓말을 할 때마다 목소리가 | 깔리는 | 떨리는 | 특징이 있다.

12.   조이트로프는 | 상상 | 잔상 | 효과를 이용하여 그림을 움직이는 것처럼 보이게 한다.

13.   경주에는 훼손되지 않고 잘 | 보존 | 보상 | 이 되어온 우리의 소중한 문화 유적들이 많다.

14. <보기>의 괄호 안에 들어갈 어휘가 <u>아닌</u> 것을 골라 보세요. (   )

<보기>
- 강한 바람으로 인해 산불이 마을까지 (   ).
- 할머니는 베란다에 가족들이 먹을 채소를 (   ).
- 준형이와 나는 학교부터 집까지 가는 길이 (   ).
- 조각가는 자신의 작품 뒤쪽에 금이 가 있다는 것을 (   ).

① 인지했다   ② 기르셨다   ③ 번졌다   ④ 상했다   ⑤ 겹쳤다

[15~18] 괄호 안에 들어갈 알맞은 어휘를 <보기>에서 골라 써 보세요.

<보기>   급증   유의   방지   안전

최근 갑자기 높아진 기온으로 식중독 환자들이 (**15.**   )하고 있습니다. 여름철에는 온도와 습도가 높아 세균이 발생하기 쉬우므로, 음식을 먹기 전에는 음식이 상했는지 확인하는 것이 (**16.**   )합니다. 식중독에 걸리는 것을 (**17.**   )할 수 있도록 손 씻기 등 식생활 안전 수칙에 (**18.**   )하여 건강한 여름 보내시기 바랍니다.

[19~21] 주어진 어휘를 활용하여 문장을 만들어 보세요.

19. 열대 → _____

20. 볶다 → _____

21. 기름지다 → _____

관용어

개념 적용   1. <보기>를 읽고 관용어가 알맞게 쓰이지 **않은** 문장을 골라 ∨ 표를 해 보세요.

> <보기>   관용어는 둘 이상의 낱말이 합쳐져 원래 뜻과는 다른 새로운 뜻으로 굳어져 쓰는 표현입니다. 예를 들어 '손이 크다'라는 관용어는 실제로 손이 크다는 뜻이 아니라, 씀씀이가 후하고 크다는 뜻입니다.

☐   손이 큰 나는 우리 반이 아닌 친구들과도 두루두루 친하게 지낸다.

☐   삼촌은 손이 커서 명절마다 조카들에게 용돈을 항상 두둑하게 주신다.

☐   그는 어찌나 손이 큰지 친구가 집에 오면 언제나 음식을 푸짐하게 차려 준다.

맞춤법   2. 아래 표를 보고 주어진 문장의 맞춤법이 맞으면 ○, 틀리면 × 표를 해 보세요.

기르다	기리다

■ 동식물을 보살펴 자라게 하다.
  예 고양이를 **기르다**.
 	
■ 습관 따위를 몸에 익게 하다.
  예 학습 태도를 **기르다**.
 	
■ 아이를 보살펴 키우다.
  예 아들을 **기르다**.
	■ 뛰어난 업적이나 바람직한 정신, 위대한 사람 따위를 칭찬하고 기억하다.
	  예 애국자를 **기리다**.

(1)   일찍 일어나고 일찍 자는 습관을 **길러야** 한다.   (   )

(2)   광복절을 맞이하여 민족의 영웅을 **기르는** 행사가 열렸다.   (   )

(3)   물을 잘 주고 온도를 잘 맞추면 식물을 **기리는** 일은 어렵지 않다.   (   )

관용어를 사용하면 자신의 생각을 재미있고 효과적으로 전달할 수 있습니다. 음식에 관한 관용어에는 어떤 것이 있을까요?

● **국수를 먹다**

우리 조상들은 옛날부터 결혼식에 온 손님들에게 국수를 대접했습니다. 국수를 먹는다는 것은 결혼식에 초대를 받거나 결혼식을 올린다는 표현입니다.

● **국물도 없다**

국에 들어 있는 건더기는 물론 국물조차 얻지 못하는 상황을 말합니다. 즉 돌아오는 몫이나 이득이 아무것도 없을 때 쓰는 표현입니다.

● **찬밥 더운밥 가리다**

굉장히 힘들고 어려운 형편에 있으면서도 자신의 처지는 생각하지 못하고 이것저것 가리거나 따지며 마치 배가 부른 듯이 행동할 때 쓰는 표현입니다.

● **깨가 쏟아지다**

잘 말린 참깨는 막대기로 살짝만 쳐도 참깨가 우수수 쏟아져 수확하는 재미가 있습니다. 이처럼 서로 살짝만 건드려도 알콩달콩 재밌어 보일 때 쓰는 표현입니다.

● **그림의 떡**

그림 속의 떡이 무척 먹음직스럽게 보이더라도 실제로 먹을 수 없는 것처럼, 아무리 마음에 들어도 가질 수 없는 경우에 쓰는 표현입니다.

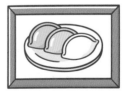

위키피디아

본책 33쪽(라파엘로 산치오, 「아테네 학당」)

정답과 해설 38쪽(조이트로프)

출처 표시를 하지 않은 사진 및 삽화는 저작사 및 발행사에서 저작권을 가지고 있는 경우임.

자료 출처

위키피디아

본책 33쪽(라파엘로 산치오, 「아테네 학당」)

정답과 해설 38쪽(조이트로프)

출처 표시를 하지 않은 사진 및 삽화는 저작사 및 발행사에서 저작권을 가지고 있는 경우임.

어휘로 시작하는 초등 **공부력** 향상 프로그램

교육 R&D에 앞서가는
Key 키출판사

초등국어

어휘력이

독해력이다

〈초등 5~6학년〉
추천 과정

정답과 해설

6단계**A**

교육 R&D에 앞서가는
 Key 키출판사

초등 국어 어휘력이 독해력이다

6 단계 A

정답과 해설

교육 R&D에 앞서가는

Key 키출판사

본문 10쪽

어휘로 만나기

1 (위에서부터)

과해서, 달음질, 관대해지는, 액수, 염려

2 수학

3 (위에서부터)

＝, ＝, ↔

4

욕심이 **과하면** 일을 그르칠 수 있다는 걸 배웠다.		세금이나 벌금 등을 내게 하다.
경찰이 교통 신호를 어긴 사람에게 과태료를 **과했다.**		정도가 지나치다.

짧은 글로 만나기

5 전개, 결말, 절정

6 ☑ 절정은 갈등이 커지면서 긴장감이 가장 높은 부분이다.

7 ☑ 나는 농구 시합을 앞두고 불안해서 **안심**이 되지 않았다.

8 (위에서부터)

X, X, ○

긴 글로 만나기

9 ②

10 현준

11 ☑ 아내를 향한 애정

12 오늘은 운수가 좋더니만……

어휘로 만나기

2 주어진 '數(셈 수)'가 쓰인 어휘는 수학이며, 홍수에는 '水(물 수)', 수도에는 '首(머리 수)'가 쓰입니다.

어휘 풀이

☐ **홍수** (큰 물 洪, 물 水) : 비가 많이 와서 강이나 개천에 갑자기 크게 불은 물.

☐ **수도** (머리 首, 도읍 都) : 한 나라의 중앙 정부가 있는 도시.

☐ **수학** (셈 數, 배울 學) : 수를 헤아리거나 공간을 측정하는 등의 수와 양에 관한 학문.

☐ **수량** (셈 數, 헤아릴 量) : 수효와 분량을 아울러 이르는 말.

3 어휘 풀이

☐ **걱정** : 안심이 되지 않아 속을 태움.

☐ **뜀박질** : 뜀을 뛰는 일.

☐ **옹졸하다** : 성품이 너그럽지 못하고 생각이 좁다.

4 욕심의 정도가 지나치다는 뜻이므로 '과하다'가 아래 칸의 뜻으로 쓰였고, 경찰이 교통 신호를 어긴 사람에게 과태료를 내게 했다는 뜻이므로 '과하다'가 위 칸의 뜻으로 쓰였습니다.

짧은 글로 만나기

5 1문단에서 이야기의 구조인 발단, 전개, 절정, 결말에 대해 설명하고 있습니다. 2문단에서 토끼가 용왕에게 거짓말하는 부분이 '절정'이라고 설명하고 있습니다.

6 1문단에서 '절정'은 갈등이 커지고 긴장감이 가장 높은 부분이라고 말하고 있습니다.

오답 풀이

✖ '발단'은 이야기의 배경이 나오고 사건이 시작되는 부분입니다.

✖ '전개'는 사건이 본격적으로 진행되고 갈등이 발생하는 부분입니다. 갈등이 해결되고 사건이 마무리되는 부분은 '결말'입니다.

7 '염려, 근심, 수심'은 두렵고 불안한 마음을 뜻하는 어휘입니다. 반면 '안심'은 '모든 걱정을 떨쳐 버리고 마음을 편히 가짐'이라는 뜻입니다.

8 치삼이 아닌 김첨지가 퇴근길에 아내가 걱정되는 마음에 설렁탕 한 그릇을 샀습니다. 김 첨지는 일을 나가지 말라는 아픈 아내의 말을 듣고도 일을 나갔습니다. 손님이 끊이지 않고 돈도 많이 받는 날을 보냈지만, 아픈 아내를 집에 두고 나왔기 때문에 불안한 마음이 들었습니다.

긴 글로 만나기

9 '결말'은 갈등이 해결되며 사건이 마무리되는 부분입니다. 아픈 아내를 두고 일을 나갔고, 돈을 많이 버는 하루를 보낸 김 첨지는 집에 돌아와서야 아내가 죽어 있는 것을 발견합니다. 김 첨지가 슬퍼하는 것을 끝으로 소설은 마무리됩니다.

오답 풀이
✖ 김 첨지가 어린 손님을 인력거에 태우고 달리는 것은 사건이 본격적으로 진행되고 갈등이 발생하는 부분인 '전개'에 해당합니다.
✖ 김 첨지가 오랜만에 돈을 많이 버는 행운을 만나는 내용 역시 본격적으로 사건이 진행되는 부분이므로 '전개'에 해당합니다.
✖ 김 첨지가 아내에게 줄 설렁탕을 사서 집으로 가는 부분은 이야기의 구조에서 긴장감이 가장 높아지는 '절정'에 해당합니다.
✖ 아내가 아프다며 김 첨지에게 일을 나가지 말라고 하는 부분은 이야기의 배경이 나오고 사건이 시작되는 '발단'에 해당합니다.

[더 알아보기] **이야기를 요약하는 방법**
　이야기를 요약할 때는 이야기 구조인 발단, 전개, 절정, 결말을 생각하며 각 부분에서 중요한 사건이 무엇인지 찾고, 사건이 일어난 원인과 그에 따른 결과를 찾습니다. 여러 사건이 관련 있을 때는 하나로 묶고, 이야기의 흐름에서 중요하지 않은 내용은 삭제하거나 간단히 씁니다.

10 "오늘은 나가지 말아요. 내가 이렇게 아픈데." 하는 아내의 말이 김 첨지의 귀에 울린 것은 아픈 아내를 두고 나와서 걱정스러운 마음이 들었기 때문입니다. 따라서 김 첨지에 대해 가장 알맞게 말한 친구는 '현준'입니다.

오답 풀이
✖ 집에 도착한 김 첨지가 거친 말투로 말하는 것은 자신이 없는 동안 죽은 아내를 향한 안타까움이 담긴 표현입니다.
✖ 집에 가까워질수록 다리가 무거워진 것은 아픈 아내가 잘못되었을까 봐 걱정하는 김 첨지의 불안한 마음이 담긴 행동입니다.

11 '설렁탕'은 김 첨지가 아픈 아내에게 주기 위해 사온 음식입니다. 죽어서 설렁탕을 먹지 못하는 아내를 보고 김 첨지가 슬퍼하고 있으므로, 설렁탕은 아내를 향한 김 첨지의 애정을 의미합니다.

12 김 첨지에게 오늘 하루는 유독 돈을 많이 번 좋은 날이었지만, 아내가 죽은 비극적인 날이기도 합니다. 죽어 있는 아내를 본 김 첨지는 "오늘은 운수가 좋더니만……."이라고 말하며 오늘 하루를 '운수 좋은 날'이라고 반어적으로 표현합니다. 반어적인 표현이 김 첨지의 불행을 더욱 강조합니다.

[더 알아보기] **소설의 시점**
　소설에서 작가가 이야기를 전달하는 관점이나 위치를 '시점'이라고 부릅니다. 이야기를 전달하는 사람을 화자라고 하는데, 시점은 화자의 위치에 따라서 달라집니다.
　작품 속의 '나'가 자신의 이야기를 하면 '1인칭 주인공 시점', 주변 인물에 관해 이야기하면 '1인칭 관찰자 시점', 작품 밖의 누군가 혹은 작가가 사건을 객관적이고 사실적으로 전달하면 '3인칭 관찰자 시점', 작가가 이야기의 겉과 속을 모두 알고 서술하면 '전지적 작가 시점'에 해당합니다.

본문 16쪽

어휘로 만나기

1 (위에서부터)

배출하는, 사용, 유발한다, 따르면, 분해

2 ☑ 나는 친구의 거짓말에 **분노**가 치밀었지만 꾹 참았다.

3 (위에서부터)

이용, 일으키다, 내보내다

4 (1) ⓒ   (2) ⓛ   (3) ⊙

짧은 글로 만나기

5 ☑ 수영장 안으로 음식을 가지고 들어갈 수 있도 **록 사용**해 주세요.

6 논설문, 주장, 근거

7 ☑ 몸속의 가스 **배출**은 자연스러운 현상이니까 부끄러워하지 말자.

8 ☑ 매장에서 주문한 음료를 일회용 컵이 아닌 개 인 컵에 받는다.

긴 글로 만나기

9 (위에서부터)

환경 오염, 절약, 환경 호르몬

10 ②

11 ☑ 준석 : 의미가 분명하여 정확하게 해석할 수 있는 표현이야.

12 ①

어휘로 만나기

2 주어진 '分(나눌 분)'이 쓰인 어휘는 분해, 구분, 분 류이며, 분노에는 '憤(성낼 분)'이 쓰입니다.

☐ 어휘 풀이

☐ **구분** (구역 區, 나눌 分) : 일정한 기준에 따라 전체를 몇 개로 갈라 나눔.

☐ **분류** (나눌 分, 무리 類) : 종류에 따라서 가름.

☐ **분노** (성낼 憤, 성낼 怒) : 분개하여 몹시 성을 냄.

3 ☐ 어휘 풀이

☐ **일으키다** : 어떤 사태나 일을 벌이거나 터뜨리다.

☐ **내보내다** : 밖으로 나가게 하다.

☐ **이용** : 대상을 필요에 따라 이롭게 씀.

4 (1) 우리 집 개가 나를 좋아하여 가까이 한다는 뜻이 므로 '따르다'가 ⓒ의 뜻으로 쓰였습니다. (2) 친구 가 춤을 추는 대로 똑같이 추었다는 뜻이므로 '따르 다'가 ⓛ의 뜻으로 쓰였습니다. (3) 뉴스의 내용에 의거했다는 뜻이므로 '따르다'가 ⊙의 뜻으로 쓰였 습니다.

짧은 글로 만나기

5 '수영장 안으로 음식을 가지고 들어갈 수 있도록 허 용해 주세요'라고 써야 맞는 표현입니다. 허용은 '허 락하여 너그럽게 받아들임'이라는 뜻입니다.

6 이 글은 논설문이 무엇인지와 논설문의 구성에 대 해 설명한 글입니다. 논설문은 읽는 이를 설득하기 위해 어떤 주제에 대한 자신의 의견을 논리적으로 쓴 글이며, 주장과 이를 뒷받침하는 근거로 이루어 졌습니다.

7 몸속의 가스가 밖으로 나왔다는 뜻이므로, '배출'이 알맞게 쓰였습니다.

☐ 오답 풀이

✖ '어제는 도서관이 문을 닫아서 도서를 대출할 수 없 었다'라고 써야 맞는 표현입니다. 대출은 '돈이나 물 건을 빌려주거나 빌림'이라는 뜻입니다.

✖ '화재가 발생하면 물을 적신 수건으로 코를 막고 탈 출해야 한다'라고 써야 맞는 표현입니다. 탈출은 '어 떤 상황이나 구속 따위에서 빠져나옴'이라는 뜻입 니다.

8 제로 웨이스트 생활은 일상생활에서 발생하는 쓰레기 배출을 최소화하고, 제품을 재사용하기 위해 노력하는 생활 방식입니다. 일회용 컵이 아닌 개인 컵을 사용하면 쓰레기를 줄일 수 있습니다.

오답 풀이

✖ 휴지를 최대한 아껴서 사용하는 것이 제로 웨이스트 생활에 해당합니다.

✖ 일회용 용기의 사용을 자제하는 것이 제로 웨이스트 생활에 해당합니다.

긴 글로 만나기

9 이 글은 일회용품 사용을 줄이자는 주장을 하는 논설문입니다. 주장에 대한 근거로는 '환경 오염을 줄일 수 있다', '자원을 절약할 수 있다', '환경 호르몬에 노출되는 것을 줄일 수 있다'를 들고 있습니다.

10 생활 속 쓰레기가 늘고 있다는 문제를 지적하고 있으므로, ㉠은 글쓴이가 제시한 문제 상황입니다. 논설문은 서론에서 문제 상황과 주장을 밝힙니다.

오답 풀이

✖ 근거를 뒷받침하는 자료는 2문단에서 제시한 한국 해양공단의 쓰레기가 분해되는 시간에 대한 자료입니다.

✖ 서론이 아닌 결론에서 글 내용을 요약하거나 글쓴이의 주장을 다시 한번 강조합니다.

✖ 글쓴이의 주장을 뒷받침하는 근거는 2~4문단의 첫 번째 문장입니다.

✖ 글쓴이가 글 전체에서 내세우는 주장은 '일회용품 사용을 줄이자'입니다.

11 ㉡은 전달하고자 하는 의미가 분명하고 정확하게 해석할 수 있는 표현으로 논설문에 적합한 표현입니다.

오답 풀이

✖ 논설문에서 의미가 모호하거나, 단정하는 표현은 쓰지 않습니다. 모호한 표현은 낱말이나 문장의 의미가 분명하지 않아서 글을 읽는 사람이 정확하게 해석할 수 없거나 사람마다 해석이 다를 수 있는 표현입니다. 단정하는 표현은 '반드시', '절대로', '결코' 등의 낱말이 들어가서 어떠한 사실을 딱 잘라서 판단하고 결정하는 표현입니다.

✖ 논설문에는 글쓴이의 감정이나 느낌이 드러나는 주관적인 표현은 쓰지 않습니다.

12 주장의 신선함과 흥미성은 논설문의 내용이 타당한지 판단하는 것과 상관이 없습니다.

[더 알아보기] **설득하기 위한 글, 광고문**

읽는 사람을 설득하기 위한 글에는 논설문 외에도 광고문이 있습니다. 광고문은 어떤 대상에 대한 정보를 알려 읽는 사람을 설득하는 글입니다. 텔레비전, 라디오, 신문 등의 대중매체를 통해 상품을 팔기 위한 광고의 문구는 모두 광고문에 해당합니다. 이런 광고문은 상품의 우수성을 알리는 것과 함께 사람들을 설득해서 상품을 사도록 만드는 목적이 있습니다.

광고문을 읽을 때는 비판적으로 사실과 의견을 구분하며 읽어야 합니다. 합리적인 소비를 위해 부풀린 내용이나 잘못된 내용은 없는지 판단하며 읽는 것이 중요합니다.

본문 22쪽

어휘로 만나기

1 (위에서부터)

앞장서서, 항해, 추진, 효과적, 다다랐다

2 해변

3 (위에서부터)

=, =, ↔

4 (1) ⓛ　(2) ㉠

짧은 글로 만나기

5 (위에서부터)

X, ○, X

6 ☑ 수다쟁이인 친구가 나의 비밀을 다른 친구에게 말한 상황

7 대륙, 대양, 아시아

8 (위에서부터)

X, X, ○

긴 글로 만나기

9 (위에서부터)

북극해, 카라해, 빙산

10 ☑ 북극의 바다를 가로지르는 경로

11 ②

12 ⑤

---

2 주어진 '海(바다 해)'가 쓰인 어휘는 해변이며, 용해와 해결에는 '解(풀 해)'가 쓰입니다.

어휘 풀이

▢ **용해** (녹을 溶, 풀 解) : 녹거나 녹이는 일.

▢ **해결** (풀 解, 결정할 決) : 제기된 문제를 해명하거나 얽힌 일을 잘 처리함.

▢ **해변** (바다 海, 가 邊) : 바닷물과 땅이 서로 닿은 곳이나 그 근처.

▢ **해양** (바다 海, 큰 바다 洋) : 넓고 큰 바다. 태평양·대서양·인도양 따위를 통틀어 이르는 말.

3 어휘 풀이

▢ **진행** : 앞으로 향해 나아감.

▢ **효율적** : 들인 노력에 비해 얻은 결과가 큰 것.

▢ **뒤처지다** : 어떤 수준이나 대열에 들지 못하고 뒤로 처지거나 남게 되다.

4 (1) 축구랑 야구를 연달아서 했더니 체력이 한계에 이르렀다는 뜻이므로 '다다르다'가 ⓛ의 뜻으로 쓰였습니다. (2) 학교에 도착했을 때 리코더를 잃어버렸다는 것을 깨달았다는 뜻이므로 '다다르다'가 ㉠의 뜻으로 쓰였습니다.

짧은 글로 만나기

5 1문단에서 속담은 자신의 생각을 간접적이고 비유적으로 표현할 때 쓸 수 있다고 설명하고 있습니다. 설명이 복잡한 상황에서만 쓸 수 있는 것은 아닙니다. 또한 속담을 사용하는 까닭으로 자신의 생각을 효과적으로 전달할 수 있기 때문이라는 설명이 있습니다. 속담은 옛날에만 썼던 것이 아니라, 옛날부터 전해져 지금도 사용하고 있는 표현 방법입니다.

6 2문단을 보면 '발 없는 말이 천 리 간다'라는 속담의 뜻이 '말을 신중히 하자'라는 것을 알 수 있습니다. 따라서 친구가 나의 비밀을 다른 친구에게 말한 상황에 사용하는 것이 가장 적절합니다.

오답 풀이

✖ 숙제를 하지 않고 놀다가 방학이 끝날 때쯤 걱정하는 상황은 말을 조심해야 한다는 것과 연관이 없습니다.

✖ 안전에 주의하지 않고 뒤늦게 후회하는 상황에 어울리는 속담은 '소 잃고 외양간 고친다'입니다.

7 1문단에 대륙은 바다로 둘러싸인 큰 땅이라는 설명이 있고, 2문단에 대양은 큰 바다라는 설명이 있습니다. 또한 1문단에서 우리나라가 아시아에 속해 있다는 설명을 찾을 수 있습니다.

8 1문단을 보면 아프리카가 아시아 다음으로 큰 대륙이라고 나와 있습니다. 또한 유럽은 다른 대륙에 비해 면적이 좁지만 많은 나라가 있다는 설명이 있습니다. 2문단에서는 북극해가 아시아, 유럽, 북아메리카에 둘러싸여 있는 바다라는 내용을 찾을 수 있습니다.

긴 글로 만나기

9 2문단에는 빌렘 바렌츠 일행이 첫 탐험에서 북극해에 진입했지만 빙산에 막혀 후퇴했다는 설명이 있습니다. 3문단에서는 바렌츠 일행이 두 번째 탐험에서 카라해에 다다랐지만 추위를 못 견뎌 돌아갔다는 이야기가 나옵니다. 4문단에는 바렌츠 일행이 세 번째 탐험에 나섰지만 빙산에 배가 갇혀 파손되었다는 설명이 있습니다.

10 1문단에 유럽인들이 아시아와의 원활한 무역을 위해 북극의 바다를 가로질러 아시아에 도착하고자 했다는 설명이 있습니다. 바렌츠 일행 역시 북극의 바다를 가로질러 북극 항로를 개척하고자 했으므로 '북극의 바다를 가로지르는 경로'가 알맞습니다.

[배경지식 넓히기] **하멜 표류기**

『하멜 표류기』는 네덜란드인 하멜이 조선의 생활 모습을 기록한 책입니다. 1653년에 네덜란드의 무역선 스페르베르호가 일본으로 가던 중 난파되자 하멜을 포함한 선원들은 제주도에 상륙했고, 그들은 약 14년 동안 조선에서 강제로 체류하게 됩니다.

하멜은 체류하는 동안 조선 전국을 끌려다니며 겪은 고난을 책으로 남겼습니다. 이 책은 조선 시대 모습을 유럽에 알린 최초의 문헌이 되었고, 당시 조선의 상황이 세세하게 기록되어 있다는 점에서 의미가 있습니다.

11 북극해는 아시아, 유럽, 북아메리카에 둘러싸여 있는 바다입니다. 아시아와 유럽, 북아메리카에 동시에 둘러싸여 있는 바다는 지도의 가장 위쪽에 있는 ②번입니다. ①번은 인도양, ③번은 태평양, ④번은 대서양, ⑤번은 남극해입니다.

[배경지식 넓히기] **오대양의 위치**

■ **태평양** : 아시아, 북아메리카, 남아메리카, 오세아니아 등에 둘러싸인 세계 최대의 해양입니다. 난류(저위도에서 고위도로 흐르는 해류로 수온이 높음)와 한류(고위도에서 저위도로 흐르는 해류로 수온이 낮음)가 만나서 풍부한 수산 자원이 있는 어장이기도 합니다.

■ **대서양** : 북아메리카, 남아메리카, 유럽, 아프리카 등에 둘러싸여 있습니다. 영문명은 'Atlantic Ocean'으로 그리스 신화에 나오는 아틀라스 신의 이름에서 유래했습니다.

■ **인도양** : 아프리카, 남아시아, 오세아니아 등에 둘러싸여 있습니다. 세계적인 관광지로 유명한 몰디브를 비롯해 마다가스카르, 모리셔스 등의 섬나라가 있습니다.

■ **북극해** : 아시아, 유럽, 북아메리카에 둘러싸여 있습니다. 다른 대양에 비해 크기가 작지만 바다보다 커서 대양으로 분류됩니다. 강한 추위로 인해 항상 얼어 있습니다.

■ **남극해** : 남극 대륙을 둘러싸고 있습니다. 대부분 얼음으로 뒤덮여 있고, 많은 고래가 서식하는 곳입니다.

12 바렌츠 일행은 세 번째 탐험에서 빙산에 갇혀 배가 파손되었지만, 8개월 동안 북극해의 추위를 견딘 후 극적으로 섬을 탈출하는 것에 성공했습니다. 이 이야기에는 어려운 상황을 만나도 벗어날 길이 분명히 있다는 뜻의 '하늘이 무너져도 솟아날 구멍이 있다'라는 속담이 가장 어울립니다.

본문 28쪽

어휘로 만나기

1 (위에서부터)

남다른, 원근, 기법, 펴서, 산만했다

2 ☑ 운동선수인 그는 승부 **근성**이 강한 사람이다.

3 (위에서부터)

기술, 소란하다, 뛰어나다

4

그는 꿈을 **펴기** 위해서 해외로 나가길 원했다. ― 생각이나 의견을 자유롭게 표현하거나 주장하다.

나는 접혀 있던 편지를 후다닥 **펴서** 남몰래 읽었다. ― 접히거나 개킨 것을 젖히어 벌리다.

짧은 글로 만나기

5 단서, 추론

6 ☑ 글의 내용과 관련된 자신의 배경지식이나 경험을 떠올려 본다.

7 ☑ 소풍 날 찍은 사진을 보니 친구와 놀이 기구를 탔던 **기법**이 떠올랐다.

8 (위에서부터)

X, X, ○

긴 글로 만나기

9 ④

10 ☑ 등장인물들의 직업은 학자이므로, 서로 자신의 이론에 관해 대화하고 있는 듯해.

11 ☑ 말이나 행동에서 단서 확인하기

12 고대의 학자들을

어휘로 만나기

2 주어진 '近(가까울 근)'이 쓰인 어휘는 원근, 근처, 최근이며, 근성에는 '根(뿌리 근)'이 쓰입니다.

어휘 풀이

☐ **근처** (가까울 近, 곳 處) : 가까운 곳.

☐ **최근** (가장 最, 가까울 近) : 얼마 되지 않은 지나간 날부터 현재 또는 바로 직전까지의 기간.

☐ **근성** (뿌리 根, 성품 性) : 태어날 때부터 가지고 있는 근본적인 성질, 혹은 뿌리가 깊게 박힌 성질.

3 어휘 풀이

☐ **소란하다** : 시끄럽고 어수선하다.

☐ **뛰어나다** : 남보다 월등히 훌륭하거나 앞서 있다.

☐ **기술** : 과학 이론을 실제로 적용하여 사물을 인간 생활에 유용하도록 가공하는 수단.

4 꿈을 자유롭게 이루기 위해서 해외로 나가길 원했다는 뜻이므로 '펴다'가 아래 칸의 뜻으로 쓰였고, 접혀 있던 편지를 열어서 젖혔다는 뜻이므로 '펴다'가 위 칸의 뜻으로 쓰였습니다.

짧은 글로 만나기

5 1문단에 사건이나 이야기의 까닭을 짐작할 수 있게 하는 실마리를 '단서'라고 한다는 설명이 나와 있습니다. 또한 자신의 배경지식이나 경험을 덧붙여 생각하면 드러나지 않은 내용을 '추론'할 수 있다고 말하고 있습니다.

6 2문단에서 내용과 관련해 평소에 알고 있던 사실이나 자신의 경험을 떠올리며 책을 읽으면, 글쓴이의 생각을 추론할 수 있다고 설명하고 있습니다.

7 '소풍 날 찍은 사진을 보니 친구와 놀이 기구를 탔던 기억이 떠올랐다'라고 써야 맞는 표현입니다.

8 1문단에 르네상스는 고대의 문화를 되살리기 위한 부활 운동이라는 설명이 있습니다. 따라서 르네상스는 고대 시대의 문화·예술 자체를 뜻하는 어휘가 아니라, 고대 시대의 문화·예술을 부활시키기 위한 운동을 뜻하는 어휘입니다. 또 르네상스 시대의 음악에 대한 언급은 찾아볼 수 없고, 2문단에 미술의 변화가 가장 두드러졌다는 설명이 있습니다. 르네상스가 신이 아닌 인간 중심의 문화를 추구했다는 것은 1문단에서 확인할 수 있습니다.

9 4문단을 보면 라파엘로가 율리우스 2세의 명을 받아 이 작품을 그렸다는 설명이 있습니다. 그러나 라파엘로가 그림 속 인물들을 고대의 학자 등으로 정한 것은 교황의 명령 때문이 아니라, 라파엘로가 고대 그리스·로마의 문화를 본받고자 한 화가였기 때문입니다.

[배경지식 넓히기] **라파엘로**

　라파엘로는 르네상스 시대의 미술을 이끌었던 대표적 화가 중 한 명입니다. 이탈리아에서 태어난 그는 교황청에 그린 벽화로 이름을 널리 떨쳤는데, 「아테네 학당」이 대표적인 벽화입니다.

　라파엘로는 타고난 재능이 뛰어나기도 했지만 자신의 재능을 발전시키는 일도 게을리하지 않았습니다. 미켈란젤로에게는 인체 해부학을 배웠고, 레오나르도 다빈치에게는 구도와 명암법을 배웠습니다. 라파엘로는 배움을 통해 자신만의 독창적인 예술 세계를 만들어 낸 화가입니다.

10 1문단에서 그림 속 인물들의 직업이 학자라는 것을 본문에서 확인할 수 있습니다. 따라서 자신들의 이론에 관해 이야기를 나누고 있을 것이라는 추론이 가장 적절합니다.

　　오답 풀이

✖ 그림 속 인물들은 고대 시대의 학자들이고 라파엘로는 르네상스 시대의 인물이므로, 라파엘로가 그들을 직접 만나 자료를 조사했을 것이라는 추론은 적절하지 않습니다.

✖ 인물들의 차림새와 자세가 다양한 까닭은 라파엘로가 학자들의 모습과 행동에서 그들 각자의 철학을 엿볼 수 있도록 표현했기 때문입니다.

11 <보기>의 내용은 그림 속 플라톤과 아리스토텔레스의 행동과 모습을 설명한 것입니다. 플라톤이 하늘을 가리키는 모습을 통해 눈에 보이지 않는 이상을 중요시하는 학자라는 사실을, 아리스토텔레스가 땅을 향해 손을 펼치고 있는 모습을 통해 그가 땅에 발 딛고 있는 현실을 중요하게 여기는 학자라는 사실을 추론하는 것이 가능합니다. 이는 그림 속 인물들의 행동에서 단서를 확인하여 추론하는 방식에 해당합니다.

12 4문단에 라파엘로가 교황의 명을 받아 이 그림을 그렸음에도 종교적 인물을 등장시키지 않고, 고대의 문화를 본받고자 하는 마음으로 고대의 학자들을 등장인물로 정했다는 설명이 있습니다.

[배경지식 넓히기] **원근법**

　원근법은 일정한 시점에서 본 물체와 공간을 눈으로 보는 것과 같이, 멀고 가까움을 느낄 수 있도록 평면 위에 표현하는 방법입니다. 원근법은 주로 풍경화 등 넓은 공간을 표현할 때 사용합니다. 그러나 작품의 목적, 의도, 작가의 개성에 따라서 원근법이 무시되는 경우가 있습니다.

　모네, 마네, 르누아르 등이 속한 인상파 화가는 원근법보다는 빛과 함께 시시각각 바뀌는 색의 변화에 중점을 뒀습니다. 사과, 오렌지 등 과일 정물화를 많이 그린 세잔은 원근법이나 시선의 높낮이에 관계없이 사물이 가장 사물다워 보이는 시점을 선택했습니다. 그는 사물의 형태와 성질을 잘 표현할 수 있다면 고정된 시점이 아닌 다양한 시점으로 표현했습니다. 그의 이러한 시도는 동시대에 활동했던 고갱과 훗날 활동한 마티스, 피카소 등에게 영향을 주었습니다.

본문 34쪽

어휘로 만나기

1 (위에서부터)

이어, 가치, 원소, 몰두, 착수

2 ☑ 한동안 **정원**을 가꾸지 않았더니 잡초가 많이
자랐다.

3 (위에서부터)

의미, 열중, 시작

4 (1) ⓒ (2) ㉠ (3) ㉡

짧은 글로 만나기

5 가치

6 ☑ 가치는 자신이 현재 겪는 문제를 해결하기 위
한 방법을 말한다.

7 원소, 분해

8 (위에서부터)

○, X, X

긴 글로 만나기

9 (위에서부터)

프랑스, 라듐, 피에르, 화학상

10 ④

11 ☑ 폴로늄 : 마리 퀴리가 조국 폴란드의 이름을
따서 이름 지은 원소

12 ☑ 자신의 이익보다 과학과 인류를 위해 헌신하
는 것

어휘로 만나기

2 주어진 '元(근본 원)'이 쓰인 어휘는 원소, 환원, 복
원이며, 정원에는 '園(동산 원)'이 쓰입니다.

> 어휘 풀이

☐ **환원** (돌아올 還, 근본 元) : 본디의 상태로 다시 돌아
감. 또는 그렇게 되게 함.

☐ **정원** (뜰 庭, 동산 園) : 집 안에 있는 뜰이나 꽃밭.

☐ **복원** (돌아올 復, 근원 元) : 원래대로 회복함.

3 > 어휘 풀이

☐ **시작** : 어떤 일이나 행동의 처음 단계를 이루거나 그
렇게 하게 함.

☐ **의미** : 말이나 글의 뜻.

☐ **열중** : 한 가지 일에 정신을 쏟음.

4 (1) 차들이 줄을 지어 서 있다는 뜻이므로 '잇다'가
ⓒ의 뜻으로 쓰였습니다. (2) 말이 계속 이어지지 않
는다는 뜻이므로 '잇다'가 ㉠의 뜻으로 쓰였습니다.
(3) 섬과 육지가 대교로 이어진다는 뜻이므로 '잇다'
가 ㉡의 뜻으로 쓰였습니다.

짧은 글로 만나기

5 가치관과 관련이 있고 사람이 추구하는 정의, 행복,
책임을 통틀어 이르는 말이므로, 의미나 중요성을
뜻하는 '가치'가 가장 알맞습니다.

> 어휘 풀이

☐ **봉사** : 자신의 이익을 생각하지 않고 남을 위하여 애
써 일함.

☐ **지혜** : 사물의 이치를 빨리 깨닫고 사물을 정확하게
처리하는 정신적 능력.

☐ **효도** : 부모를 잘 섬기는 도리.

☐ **배려** : 도와주거나 보살펴 주려고 마음을 씀.

6 우리는 이야기를 읽으며 인물이 추구하는 가치에서
교훈을 얻을 수 있고, 자신이 현재 겪는 문제나 어려
움을 해결할 방법을 찾을 수 있습니다.

7 1문단에서 수소, 탄소, 산소, 칼슘 등 물질을 구성하
는 기본적인 요소가 '원소'라고 설명하고 있습니다.
2문단에서 원소란 어떤 수단을 사용해도 더 이상 다
른 것으로 분해할 수 없는 것이라는 라부아지에의
주장이 등장합니다.

8 1문단에 라부아지에가 원소의 개념을 정리하기 이전에 아리스토텔레스가 지지한 4원소설이 있었다는 설명이 있습니다. 2문단에 라부아지에가 공기는 원소가 아니라는 것을 밝혔다고 나와 있습니다. 또 라부아지에는 물이 아닌 공기를 이산화 탄소와 질소 등으로 분리했습니다.

긴 글로 만나기

9 1문단에서 마리 퀴리가 1891년에 프랑스로 가서 소르본 대학에서 물리학을 공부했다는 내용을 찾을 수 있습니다. 2문단에는 1898년에 폴로늄과 라듐을 발견했고, 그 결과 1903년에 남편 피에르와 함께 노벨 물리학상을 수상했다는 내용이 있습니다. 3문단에서는 마리 퀴리가 1911년에 폴로늄과 라듐에 대한 연구 업적을 인정받아 노벨 화학상을 수상했다는 것을 찾아볼 수 있습니다.

10 마리 퀴리는 1903년에 남편 피에르와 함께 노벨 물리학상을 한 번 수상했고, 1911년에 노벨 화학상을 한 번 더 수상했습니다. 역사상 최초로 노벨상을 두 번 받았다는 설명을 3문단에서 찾을 수 있습니다.

오답 풀이

✖ 마리 퀴리는 프랑스의 소르본 대학을 다녔습니다.

✖ 마리 퀴리는 많은 사람이 라듐을 사용할 수 있도록, 특허를 내어 큰돈을 벌지 않고 연구 결과를 공개했습니다.

✖ 마리 퀴리는 남편 피에르와 함께 폴로늄과 라듐을 발견했습니다.

✖ 마리 퀴리는 1차 세계 대전에서 엑스선 장비를 이용해 부상자의 치료를 돕는 역할을 했습니다.

[배경지식 넓히기] **노벨상**

노벨상은 다이너마이트를 발명한 알프레드 베르나르드 노벨의 이름을 딴 상입니다. 노벨의 유산으로 세워진 노벨재단에서 인류의 복지에 공헌한 사람이나 단체에 수여하는 상으로, 1901년부터 지금까지 매년 수상이 이어지고 있습니다. 노벨상은 화학, 물리학, 생리의학, 문학, 평화, 경제학 부문으로 나누어 수상합니다.

11 2문단을 보면 퀴리 부부가 1898년에 폴로늄이라는 원소를 발견했고, 마리 퀴리가 조국 폴란드의 이름을 따서 원소를 '폴로늄'이라고 이름 지었다는 내용이 있습니다.

오답 풀이

✖ 우라늄에서 방사선이 나온다는 사실을 발견한 사람은 퀴리 부부가 아니라 프랑스의 물리학자 앙리 베크렐입니다.

✖ 라듐에서 나오는 방사선을 이용해 질병의 치료를 연구한 사람은 피에르 퀴리가 아니라 마리 퀴리입니다.

12 4문단은 마리 퀴리가 추구하는 가치가 무엇인지 설명하는 문단입니다. 마리 퀴리는 라듐을 발견했음에도 특허를 내지 않고 사람들에게 연구 결과를 공개했고, 제1차 세계 대전에 참여해 부상자의 치료를 도왔습니다. 이러한 마리 퀴리의 행동에서 마리 퀴리가 자신의 이익보다 과학과 인류를 위해 헌신하는 과학자였다는 것을 알 수 있습니다.

오답 풀이

✖ 4문단에서 마리 퀴리는 힘든 상황에서도 부와 명예에 가치를 두지 않았다고 말하고 있습니다.

✖ 마리 퀴리는 치료를 받지 못하는 가난한 사람을 위해 봉사한 것이 아니라, 제1차 세계 대전에서 부상당한 사람들의 치료를 도왔습니다.

[배경지식 넓히기] **주기율표**

원소를 원자 번호의 차례대로 왼쪽에서 오른쪽으로 배열하고, 비슷한 성질의 원소가 나타날 때마다 그것을 위아래로 겹치도록 배열한 것입니다. 가로를 주기, 세로를 족(族)이라 부릅니다. 마리 퀴리가 발견한 라듐의 원자 번호는 88번이고, 원소 기호는 'Ra'입니다.

본문 40쪽

어휘 복습하기

1 원근

2 과하다

3 액수

4 펴다

5 앞장서다

6 배출하다

7 착수

8 몰두

9 효과적

10 가치

11 염려

12 달음질

13 잇는

14 유발한다

15 기법

16 사용

17 분해

18 항해

19 추진

20 ㉠

21 ㉡

22 ㉢

23 (예시)

　모든 물질은 원소로 구성되어 있다.

24 (예시)

　선생님의 말씀에 따르면 다음 체육 시간에 축구를
　할 예정이다.

25 (예시)

　차를 타고 이동하여 목적지에 다다랐다.

실력 더하기

1 (1) ㉡　(2) ㉠　(3) ㉡

2 (1) ○　(2) X　(3) ○

1 (1) 동물원을 폐지하자는 주장에는 좁은 동물원에
사는 동물들이 스트레스를 받고 이상 행동을 보이
는 사례를 드는 근거가 타당합니다.

(2) 밤늦게 아파트 근처 공원에서 시끄럽게 하면 안
된다는 주장에는 소음이 이웃에게 방해된다는 근거
가 타당합니다.

(3) 독서를 많이 해야 한다는 주장에는 독서를 하면
독해력이 길러진다는 독서의 장점을 제시하는 근거
가 타당합니다.

2 (1) 비밀번호를 기억하지 못하면 상자를 열 수 없다
는 뜻이므로 '비밀번호를 잊다'가 맞습니다.

(2) 점과 점을 맞대어 붙이는다는 뜻이므로 '점을 잇
다'가 맞습니다.

(3) 형이 가업이 끊어지지 않도록 이어서 계속한다
는 뜻이므로 '가업을 잇다'가 맞습니다.

본문 46쪽

어휘로 만나기

1 (위에서부터)

실현, 주목했다, 바쳤다, 신성한, 헌신

2 ☑ 대한민국 임시 정부는 독립**신문**을 발행했다.

3 (위에서부터)

＝, ＝, ↔

4 (1) ⓛ (2) ㉠ (3) ㉢

짧은 글로 만나기

5 내놓은

6 (위에서부터)

X, X, ○

7 ☑ 나는 졸업 사진을 찍고 나서야 친구들과의 이별을 **실현**했다.

8 ☑ 평등은 모든 사람이 태어날 때부터 존중받아야 한다는 의미다.

긴 글로 만나기

9 ⑤

10 ☑ 전쟁이 없는 평화로운 나라를 만들기 위해 많은 사람이 국가에 헌신하는 나라

11 ☑ 링컨은 1863년 11월에 게티즈버그에서 연설했다.

12 국민의, 국민에 의한, 국민을 위한

2 주어진 '身(몸 신)'이 쓰인 어휘는 헌신, 신체, 신분이며, 신문에는 '新(새로운 신)'이 쓰입니다.

어휘 풀이

☐ **신체** (몸 身, 몸 體) : 사람의 몸.

☐ **신분** (몸 身, 나눌 分) : 개인이 사회에서 가지는 역할이나 지위.

☐ **신문** (새로운 新, 들을 聞) : 신문 기사를 실은 종이.

3 어휘 풀이

☐ **달성** : 목적한 것을 이룸.

☐ **눈여겨보다** : 주의 깊게 잘 살펴보다.

☐ **비천하다** : 지위나 신분이 낮고 천하다.

4 (1) 반드시 내거나 물어야 할 돈인 세금을 가져다준다는 뜻이므로 '바치다'가 ⓛ의 뜻으로 쓰였습니다. (2) 마리 퀴리가 과학 연구를 위해 몸과 마음을 다해 힘을 썼다는 뜻이므로 '바치다'가 ㉠의 뜻으로 쓰였습니다. (3) 심청이가 용왕님에게 정중하게 드리는 제물이 되었다는 뜻이므로 '바치다'가 ㉢의 뜻으로 쓰였습니다.

5 나라를 위해 목숨을 아낌없이 희생한다는 내용이므로 '목숨, 명예 따위의 희생을 무릅쓰다'라는 뜻의 '내놓다'와 바꾸어 쓸 수 있습니다.

어휘 풀이

☐ **구하다** : 위태롭거나 어려운 지경에서 벗어나게 하다.

☐ **건지다** : 어려운 형편에 처해 있던 상황에서 벗어나다.

☐ **유지하다** : 어떤 상태나 상황 등을 그대로 이어 나가다.

☐ **구걸하다** : 남에게 어떤 일이나 행동을 해 달라고 애원하다.

6 연설은 한 사람이 아닌 여러 사람 앞에서 자신의 주장이나 의견을 말하는 것입니다. 링컨은 게티즈버그에서 열린 취임식이 아닌 추도식에서 연설을 했습니다.

7 '나는 졸업 사진을 찍고 나서야 친구들과의 이별을 실감했다'라고 써야 맞는 표현입니다. '실감'은 '실제로 체험하는 느낌'이라는 뜻입니다.

8 모든 사람이 태어날 때부터 인간으로서 존중받아야 한다는 것은 '인간의 존엄'에 해당합니다.

긴 글로 만나기

9 링컨이 연설을 한 목적은 게티즈버그 전투에 참여해 목숨을 바쳐 싸운 사람들을 추도하고, 민주주의의 진정한 의미를 말하기 위해서입니다.

오답 풀이

✖ 연설문에서 전쟁의 폭력성과 문제점을 강조하지 않았습니다.

✖ 연설문을 읽고 게티즈버그에서 전투가 일어난 까닭을 알 수 없습니다.

✖ 연설문에는 평등을 실현하는 방법이 나와 있지 않습니다.

✖ 연설문에서 전투에 참여한 사람들에게 금적적 보상을 해 준다는 내용은 찾아볼 수 없습니다.

10 링컨이 원하는 나라는 국가를 위해 헌신하는 사람들이 많은 나라가 아닌, 모든 사람이 태어날 때부터 평등하고 자유롭게 생활할 수 있는 나라입니다.

11 <보기>에서 1863년 7월에 게티즈버그에서 전투가 벌어졌고, 전투가 일어난 지 4개월 뒤에 게티즈버그에 국립묘지가 세워졌으며, 링컨이 그곳에서 연설했다고 설명하고 있습니다. 따라서 7월의 4개월 뒤인 11월에 링컨이 게티즈버그에서 연설했다는 것은 맞는 설명입니다.

오답 풀이

✖ <보기>에 따르면 남북 전쟁 후 게티즈버그에는 평화의 공원이 아닌 국립묘지가 세워졌습니다.

✖ <보기>에서 미국의 남부와 북부가 노예 제도에 대한 의견 차이로 갈등을 빚었다고 말하고 있지만, 어느 지역이 노예 제도에 찬성하거나 반대했는지는 설명하고 있지 않습니다.

12 연설문의 마지막 문단을 보면 '이 나라는 국민의, 국민에 의한, 국민을 위한 정부로서 지구상에서 절대 사라지지 않을 것입니다'라는 문장이 나옵니다.

[배경지식 넓히기] **게티즈버그 전투가 일어난 까닭**

미국의 남부와 북부는 노예 문제로 갈등을 빚었습니다. 흑인을 노예 삼아 목화를 재배하던 남부는 일꾼이 필요했기 때문에 노예 제도를 찬성했습니다. 그러나 제조업 중심으로 경제가 돌아가던 북부는 흑인의 인권과 자유를 보호하지 않고 강제로 일을 시키는 것은 옳지 않다고 여겨 노예 제도를 반대했습니다. 이렇게 남부와 북부가 대립하던 가운데 1861년에 미국의 대통령으로 노예 제도를 반대하는 링컨이 당선되자, 남부에 있는 일곱 개 주가 미국 연방에서 탈퇴하여 '남부 연합'이라는 나라를 세우고, 연방군이 차지하고 있던 섬터 요새를 공격하면서 남북 전쟁이 시작되었습니다.

남북 전쟁이 지속되던 1863년 1월, 링컨 대통령이 노예 해방을 선언했습니다. 그러자 그해 7월, 게티즈버그에서 3일간의 치열한 전투가 벌어졌습니다. 이 전투에서 승리해 독립국으로 인정받으려는 남부 연합과 북부 연방이 싸운 결과, 북부 연방이 승리했습니다. 전투가 일어난 지 4개월 후 게티즈버그에 국립묘지가 세워졌고, 나라를 위해 목숨을 바친 사람들을 위한 추도식에 참석한 링컨 대통령은 약 2분간의 짧은 연설을 했습니다. 이 연설에서 나온 문장이 바로 '국민의, 국민에 의한, 국민을 위한 정부'입니다. 주권은 국민에게 있고, 정치는 국민에 의해 이뤄져야 하며 국민을 위한 것이어야 한다는 의미입니다. 이 문장은 짧지만 민주주의의 정신을 잘 나타낸 문장이라고 역사적으로 평가받고 있습니다.

07

청소년도 선거를 할 수 있을까?

본문 52쪽

어휘로 만나기

1 (위에서부터)

선거, 휩쓸리지, 개정, 제기, 헷갈릴

2 정의

3 (위에서부터)

선정, 제안, 혼동되다

4

선원이 거센 파도에 **휩쓸려서** 실종되었다.		무엇에 영향을 입다.
감정에 **휩쓸리지** 않고 이성적으로 판단했다.		물, 불, 바람 따위에 모조리 휘몰려 쓸리다.

짧은 글로 만나기

5 ☑ 선생님께서 맞춤법 **규정**에 어긋나는 문장을 고쳐 주셨다.

6 ☑ 학급 회의에서 친구들과 토론을 하는 것은 민주주의를 실천하는 사례다.

7 선거

8 (위에서부터)

O, X, X

긴 글로 만나기

9 ②

10 ③

11 ☑ 우리나라와 다른 나라의 교육 환경은 어떻게 다른가요?

12 (예시)

· 의견 : 청소년에게 선거권을 주는 것이 맞다고 생각합니다.

· 까닭 : 청소년도 국민으로서 정치에 참여할 권리가 있다고 생각하기 때문입니다.

어휘로 만나기

2 주어진 '正(바를 정)'이 쓰인 어휘는 정의며, 우정과 애정에는 '情(정 정)'이 쓰입니다.

어휘 풀이

☐ **우정** (벗 友, 정 情) : 친구 사이의 정.

☐ **애정** (사랑 愛, 정 情) : 사랑하는 마음.

☐ **정의** (바를 正, 옳을 義) : 진리에 맞는 올바른 도리.

☐ **정직** (바를 正, 곧을 直) : 거짓이나 꾸밈이 없이 성품이 바르고 곧음.

3 어휘 풀이

☐ **혼동되다** : 구별되지 못하고 뒤섞이어 생각되다.

☐ **제안** : 안이나 의견으로 내놓음.

☐ **선정** : 여럿 가운데서 어떤 것을 뽑아 정함.

4 선원이 파도에 휘몰려 쓸렸다는 뜻이므로 '휩쓸리다'가 아래 칸의 뜻으로 쓰였고, 감정에 영향을 받지 않고 판단했다는 뜻이므로 '휩쓸리다'가 위 칸의 뜻으로 쓰였습니다.

짧은 글로 만나기

5 주로 문서 따위의 내용을 고쳐 바르게 한다는 뜻의 개정은 '수정'과 '정정'으로 바꾸어 쓸 수 있습니다. '규정'은 '규칙으로 정하거나 정하여 놓은 것'이라는 뜻입니다.

6 2문단에서 학급 회의, 가족회의, 선거 등을 통해 문제를 함께 해결하는 것을 통해 민주주의를 실천할 수 있다고 말하고 있습니다.

오답 풀이

✖ 다양한 사람들과 살기 위해서는 함께 결정해야 하는 일이 많아 타협과 양보가 필요합니다.

✖ 다양한 사람들과 살기 때문에 자기 주장을 내세우는 것이 아니라 타협하는 것이 중요합니다.

7 모든 국민이 정치에 참여할 수 없으므로 자신의 뜻을 전달할 대표자를 뽑는다는 내용이므로, 조직이나 집단에서 투표를 통해 대표자를 뽑는다는 뜻을 가진 '선거'가 가장 알맞습니다.

- **추첨** : 제비를 뽑음.
- **거수** : 손을 위로 들어 올림. 찬성과 반대, 경례 따위의 의사를 나타내는 경우에 쓰인다.
- **추천** : 어떤 조건에 적합한 대상을 책임지고 소개함.
- **호명** : 이름을 부름.

8 직접 선거는 본인이 직접 투표를 하는 원칙이고, 보통 선거는 만 18세 이상의 국민이라면 누구나 투표를 할 수 있는 원칙입니다. 누구에게 투표했는지 비밀로 하는 것은 비밀 선거이고, 한 사람이 한 표씩만 투표하는 원칙은 평등 선거입니다.

긴 글로 만나기

9 이 글은 청소년의 선거권에 대해 토론을 한 대화문입니다. 따라서 이 글의 중심 내용으로 '청소년의 선거권과 찬반 의견'이 가장 알맞습니다.

10 OECD 국가 중 선거 연령이 가장 낮은 나라는 오스트리아로, 16세부터 선거권을 갖습니다. 우리나라의 선거 연령은 2020년에 열린 제21대 국회의원 선거부터 만 18세입니다.

11 이 글에 나라마다 교육 환경이 다르므로 신중하게 청소년의 선거권을 정해야 한다는 '지원'의 주장이 나오지만, 우리나라와 다른 나라의 교육 환경이 어떻게 다른지에 관한 내용은 없습니다.

오답 풀이

✖ '민수'의 주장을 통해 OECD 국가 중 18세에 선거권을 주는 나라가 미국, 영국, 프랑스 등이라는 것을 확인할 수 있습니다.

✖ 이 글에 따르면 우리나라의 선거 연령은 1948년에 만 21세, 1960년에 만 20세, 2005년에 만 19세, 그리고 2020년에 만 18세로 점차 낮아졌습니다.

12 청소년의 선거권에 대한 찬성 의견으로는 '만 18세가 운전, 결혼, 입대는 할 수 있지만 선거는 못한다는 것은 불합리하다', '청소년도 충분히 정치에 관심을 갖고 참여할 수 있는 능력이 있다' 등 있습니다. 반대 의견으로는 '청소년은 아직 여론이나 다른 사람 말에 휩쓸릴 수 있다', '학교가 정치적으로 이용될 수 있다' 등의 의견을 들 수 있습니다.

[더 알아보기] **토론의 절차**

　토론은 주장 펼치기, 반론하기, 주장 다지기, 판정하기의 순서로 진행됩니다.

　먼저 근거를 들어 주장을 펼치고, 근거에 대한 구체적인 자료를 제시합니다. 반론을 할 때는 상대편 주장을 요약하고, 상대편의 주장에 대한 근거나 그에 대한 자료가 적절하지 않은 것을 말합니다. 또 상대편의 주장이 타당하지 않다는 것을 밝히기 위한 질문을 합니다. 주장을 다질 때는 자기편의 주장을 요약하고 상대편의 반론이 잘못되었음을 밝힙니다. 마지막으로 판정을 할 때는 찬성편과 반대편의 잘한 점과 부족한 점을 정리하고, 잘된 점을 중심으로 판정을 합니다.

본문 58쪽

어휘로 만나기

1 (위에서부터)

생산, 밀접한, 기후, 수요, 일어나서

2 ☑ 그는 공부를 <u>기초</u>부터 잘 가르쳐 주었다.

3 (위에서부터)

↔, ≒, =

4

학교 앞 사거리에서 교통사고가 연달아 **일어났다**.	—	어떤 일이 생기다.
오랜만에 마음먹고 청소를 하자 먼지가 폴폴 **일어났다**.	—	위로 솟거나 부풀어 오르다.

짧은 글로 만나기

5 ☑ 사막의 **기후**는 덥고 건조하며 바람이 많이 분다.

6 (위에서부터)

○, X, ○

7 경제, 재화, 서비스

8 ☑ 거리를 청소하는 환경미화원

긴 글로 만나기

9 (위에서부터)

날씨, 수요, 가격

10 ⑤

11 ☑ 기후 변화는 지역에서 재배되는 작물의 종류에 영향을 끼치지 않아.

12 올랐습니다

2 주어진 '氣(공기 기)'가 쓰인 어휘는 기후, 기온, 기체이며, 기초에는 基(터 기)'가 쓰입니다.

어휘 풀이

▢ **기온** (공기 氣, 따뜻할 溫) : 대기의 온도.

▢ **기체** (공기 氣, 몸 體) : 일정한 모양이나 부피가 없고 널리 퍼지려는 성질이 있어 자유롭게 떠서 돌아다니는 물질.

▢ **기초** (터 基, 주춧돌 礎) : 사물이나 일 따위의 기본이 되는 것.

3 어휘 풀이

▢ **공급** : 교환하거나 판매하기 위하여 시장에 재화나 서비스를 제공하는 일.

▢ **제조** : 공장에서 큰 규모로 물건을 만듦.

▢ **가깝다** : 어느 한 곳에서 멀리 떨어져 있지 않다.

4 교통사고가 생겼다는 뜻이므로 '일어나다'가 위 칸의 뜻으로 쓰였고, 먼지가 위로 올라왔다는 뜻이므로 '일어나다'가 아래 칸의 뜻으로 쓰였습니다.

5 사막 지역에서 오랜 기간 나타나는 날씨의 평균적인 상태를 나타낸 것이므로 '기후'가 알맞게 쓰였습니다.

오답 풀이

✘ '오늘의 날씨는 너무 덥고 습하다'라고 써야 맞는 표현입니다.

✘ '내일 날씨를 보니 우산을 가지고 나가야겠다'라고 써야 맞는 표현입니다.

6 날씨는 고기압이나 저기압의 이동에 따라 빠른 속도로 변하고, 기후는 태양 활동의 변화, 바닷물의 온도 등 자연의 변화에 따라 날씨보다 긴 세월에 걸쳐 변화합니다.

7 이 글은 경제가 무엇인지 설명한 글로, 경제란 생활에 필요한 재화와 서비스를 만들고, 나누고, 쓰는 활동이라고 말하고 있습니다.

8 환경미화원이 거리를 청소하는 것은 서비스를 '만드는' 활동입니다.

> 오답 풀이

✗ 공책을 구매해 사용하는 것은 재화를 '쓰는' 활동입니다.

✗ 배추를 전국의 시장으로 운반하는 것은 재화를 '나누는' 활동입니다.

긴 글로 만나기

9 이 글은 날씨와 경제가 서로 밀접한 관련이 있다는 것을 설명한 글입니다. 2문단에서는 날씨에 따라 사람들이 찾는 식품의 종류가 달라져 식품 산업이 날씨에 따라 움직인다고 설명하고 있습니다. 3문단에서는 기온이 올라가자 겨울옷의 수요가 줄어 재고가 늘었다는 의류 산업의 변화를 설명하고 있습니다. 4문단에서는 날씨에 영향을 받아 닭고기의 가격이 올라갔다고 설명하고 있습니다.

[배경지식 넓히기] **수요와 공급**

가격은 어떻게 결정되는 것일까요? 상품을 팔려는 사람은 가능하면 비싼 가격을 받고 싶어 하고, 반대로 상품을 사려는 사람은 싼 가격에 사고 싶어 합니다. 그래서 가격은 팔려는 사람과 사려는 사람이 모두 동의하는 선에서 결정됩니다.

결정된 가격은 공급량과 수요량에 따라 끊임없이 변합니다. 공급이 많거나 수요가 줄면 가격은 내려가고, 반대로 공급이 줄거나 수요가 많아지면 가격은 오르게 됩니다.

10 이 글에 따르면 2019년 12월부터 2020년 2월 사이의 전국 평균 기온이 높아 겨울옷이 팔리지 않는 현상이 일어났습니다.

11 4문단에서 기후 변화로 인해 과거 남부 지방에서 재배되던 작물들이 현재는 충북과 강원 지역에서 재배되고 있고, 따뜻한 지역에서 자라는 작물의 재배 지역이 점점 많아진다고 설명하고 있습니다. 따라서 기후 변화가 재배되는 작물에 영향을 끼친다는 것을 알 수 있습니다.

12 <보기>의 뉴스는 비가 내리지 않고 가뭄이 지속되어 농작물에 피해가 발생했다는 내용입니다. 본문에 따르면 날씨와 농축산물의 가격은 서로 밀접한 관련이 있습니다. 따라서 가뭄으로 채소의 공급은 줄어들고, 채소를 원하는 사람은 증가하면 채소 가격이 올라가게 됩니다.

[배경지식 넓히기] **환율**

경제에 영향을 미치는 요소는 날씨, 정치, 전염병 등 다양합니다. 그중 하나인 환율은 수출 중심의 경제 구조를 가진 우리나라에 큰 영향을 끼칩니다. 환율은 우리나라 돈과 다른 나라 돈의 교환 비율입니다. 나라와 나라 사이에 서로 거래를 하려면 돈이 필요한데, 각 나라의 통화 단위가 달라서 나라 간에 화폐 교환 비율을 정해야 합니다. 주로 미국 화폐인 달러를 국제 통화로 사용합니다. 예를 들어 원 달러 환율이 1,200원이라는 것은 1달러와 1,200원을 교환할 수 있다는 의미입니다.

환율은 각국의 경제 상황에 영향을 받으며, 날마다 오르락내리락 변합니다. 환율이 오르면 해외여행을 떠날 때 더 많은 돈을 내야 하고, 외국으로 송금할 때 오른 환율의 가치만큼 돈을 더 보내야 합니다. 반면 한국으로 여행을 오는 관광객은 같은 1달러로 더 많은 물건을 살 수 있습니다.

본문 64쪽

어휘로 만나기

1 (위에서부터)

독점, 입수, 앞다투어, 해치는, 고갈되는

2 ☑ 공원에 앉아 푸른 **호수**를 바라보니 기분이 좋았다.

3 (위에서부터)

↔, =, =

4 (1) ㉠   (2) ㉢   (3) ㉡

짧은 글로 만나기

5 독점

6 (위에서부터)

○, X, X

7 ☑ 「허생전」의 주인공 허생은 시장에서 물건을 독점하여 거래했다.

8 박지원, 한문, 양반

긴 글로 만나기

9 ③

10 ☑ 부자인 변씨에게 돈을 만 냥이나 빌린 것으로 보아 배짱이 두둑한 사람 같아.

11 아름

12 ⑤

어휘로 만나기

2 주어진 '手(손 수)'가 쓰인 어휘는 입수, 수첩, 악수이며, 호수에는 '水(물 수)'가 쓰입니다.

> 어휘 풀이

- **호수** (호수 湖, 물 水) : 땅이 우묵하게 들어가 물이 괴어 있는 곳.
- **수첩** (손 手, 휘장 帖) : 몸에 지니고 다니며 아무 때나 간단한 기록을 하는 조그마한 공책.
- **악수** (쥘 握, 손 手) : 인사 등의 표시로 서로 손을 내어 마주 잡음.

3 어휘 풀이

- **공유** : 두 사람 이상이 한 물건을 공동으로 소유함.
- **바닥나다** : 돈이나 물건을 다 써서 없어지다.
- **경쟁하다** : 같은 목적에 대해 이기거나 앞서려고 서로 겨루다.

4 (1) 새 건물이 학교의 경관을 망치고 있다는 뜻이므로 '해치다'가 ㉠의 뜻으로 쓰였습니다. (2) 주택가로 내려온 동물이 사람을 다치게 했다는 뜻이므로 '해치다'가 ㉢의 뜻으로 쓰였습니다. (3) 과도한 운동과 잦은 편식이 몸에 해를 입힌다는 뜻이므로 '해치다'가 ㉡의 뜻으로 쓰였습니다.

짧은 글로 만나기

5 단체나 기업이 다른 경쟁자를 제외하고 생산과 시장을 지배하여 이익을 독차지한다는 뜻이므로 '독점'이 가장 알맞습니다.

> 어휘 풀이

- **독립** : 다른 것에 속하거나 의존하지 않는 상태 또는 독자적으로 존재함.
- **단독** : 단 하나.
- **독학** : 스승이 없거나 또는 학교에 다니지 않고 혼자서 공부함.
- **독백** : 혼자서 중얼거림.

6 시장에서는 사람의 노동력이나 주식 등 손으로 만질 수 없는 것도 거래합니다. 시장은 물건을 만드는 곳이 아니라 여러 가지 상품을 사고파는 곳입니다.

7 1문단에서 허생이 부자인 변씨에게 빌린 돈을 입수한 후, 시장의 물건을 독점해 거래했다고 설명하고 있습니다.

오답풀이

✖ 「허생전」은 한글 소설이 아닌 한문 소설입니다.

✖ 「허생전」은 박지원이 청나라를 다녀와서 쓴 기행 문집 『열하일기』에 수록된 소설입니다.

8 「허생전」은 조선 후기의 취약한 경제 구조를 비판하고, 겉만 중시하고 무능력했던 양반을 풍자하는 내용의 한문 소설로 박지원이 썼습니다.

긴 글로 만나기

9 이 글에서 변씨가 허생에게 빌린 돈의 백 배를 어떻게 벌었는지 묻는 장면이 나옵니다. 허생이 빌린 돈은 만 냥이니, 빌린 돈의 백 배는 백만 냥이 됩니다.

오답풀이

✖ 허생이 안성에서 제일가는 과일 장사꾼이라는 내용은 이 글에 나오지 않습니다.

✖ 허생은 울릉도가 아니라 제주도로 건너가 말총을 모조리 사들였습니다.

✖ 변씨가 한양에 있는 시장에서 과일을 독점하여 큰 부를 이루었다는 내용은 이 글에 나오지 않습니다.

✖ 허생은 안성 시장에서 망건이 아니라 감, 배, 대추, 밤, 잣 등을 사들이고 열배가 넘는 값으로 되팔았습니다.

10 부자인 변씨에게 만 냥을 빌린 것과 과일, 말총을 모조리 사들였다 되팔은 것으로 보아 허생은 배짱이 두둑한 사람임을 짐작할 수 있습니다.

오답풀이

✖ 빌린 돈으로 더 많은 이익을 얻은 과정을 설명하며 나라를 걱정하는 허생의 모습은 허세가 심하다고 보기 어렵습니다.

✖ 안성 시장에서 장사치들이 부르는 대로 값을 준 것은 허생이 일부러 물건을 독점하기 위한 것이므로 어리숙하다고 보기 어렵습니다.

11 만 냥의 돈으로 나라의 과일 값이 좌지우지될 정도이므로 그 당시 조선의 경제 상황이 매우 취약했음을 알 수 있습니다. 그러므로 ㉠과 같이 말한 까닭을 바르게 짐작한 친구는 '아름'입니다.

12 허생은 물건을 독점했을 때 발생하는 피해는 고스란히 백성이 입는다고 말했습니다. 이는 한 사람이 물건을 독차지하는 것을 경계해야 함을 뜻합니다. 그러므로 변씨의 질문에 대한 허생의 답변은 소수의 사람이 오래 권력을 독차지하는 일을 경계해야 한다는 내용이어야 합니다.

오답풀이

✖ 이웃 나라와 거래하지 말아야 한다는 내용은 글에서 찾을 수 없습니다.

✖ 세금을 걷어서 나눠 줘야 한다는 내용은 글에서 찾을 수 없습니다.

✖ 상인이 나랏일을 할 수 있도록 해야 한다는 내용은 글에서 찾을 수 없습니다.

✖ 물건을 자유롭게 거래하지 못하도록 나라에서 시장 경제를 통제해야 한다는 내용은 글에서 찾을 수 없습니다.

10

세상을 바꾸는 공정 무역

본문 70쪽

어휘로 만나기

1 (위에서부터)

정당한, 공정, 거쳐야, 협상, 부과하여

2 ☑ 이 방은 오랫동안 사용하지 않았던 **공간**이다.

3 (위에서부터)

협의, 합당하다, 매기다

4 (1) ㉠ (2) ㉡

짧은 글로 만나기

5 정당

6 ☑ 공정한 생활을 위해서는 모두 다섯 가지 원리
가 필요하다.

7 ☑ 한밤중에 큰 소리가 들리자 아버지는 겉옷을
거치고 급히 밖으로 나가셨다.

8 (위에서부터)

○, X, X

긴 글로 만나기

9 (위에서부터)

생산자, 소비자, 대가, 어린이, 강제

10 ☑ 공정 무역의 원칙은 전 세계가 합의한 것으로
총 10개다.

11 ☑ 신발을 만드는 여성들은 모두 10세 이하의 어
린이들로 구성되어 있을 거야.

12 노동 조건, 최저 임금 등을 결정

---

2 주어진 '公(공평할 공)'이 쓰인 어휘는 공정, 공공,
공평이며, 공간에는 '空(빌 공)'이 쓰입니다.

어휘 풀이

□ **공간** (빌 空, 사이 間) : 아무것도 없는 빈 곳.

□ **공공** (공평할 公, 함께 共) : 국가나 사회의 구성원에
게 두루 관계되는 것.

□ **공평** (공평할 公, 평평할 平) : 어느 쪽으로도 치우치
지 않고 고름.

3 어휘 풀이

□ **합당하다** : 어떤 기준, 조건, 용도, 도리 따위에 꼭 알
맞다.

□ **매기다** : 일정한 기준에 따라 사물의 값이나 등수 따
위를 정하다.

□ **협의** : 둘 이상의 사람이 서로 협력하여 의논함.

4 (1) 작품이 수백 번의 수정 작업 단계를 밟았다는 뜻
이므로 '거치다'가 ㉠의 뜻으로 쓰였습니다. (2) 탑
승한 비행기가 파리를 지나 영국으로 갔다는 뜻이
므로 '거치다'가 ㉡의 뜻으로 쓰였습니다.

---

5 공정은 공평한 기회 속에서 올바른 대우를 받는다
는 뜻이므로 이치에 맞아 올바르고 마땅하다는 뜻
을 가진 '정당하다'가 가장 알맞습니다.

어휘 풀이

□ **부당** : 이치에 맞지 아니함.

□ **정숙** : 행실이 곧고 마음씨가 맑고 고움.

□ **적당** : 꼭 들어맞음.

□ **정확** : 바르고 확실함.

6 이 글에 나타난 공정한 생활의 다섯 가지 원리는 '다
른 사람의 의견 존중하기, 다른 사람의 입장에서 생
각하기, 모든 사람이 자신의 정당한 몫 받기, 상대방
의 의견에 열린 자세로 경청하기, 부당한 대우를 받
는 사람을 보호하기'입니다. '나의 의견 주장하기'는
공정한 생활을 위한 원리에 해당하지 않습니다. 여
러 나라의 법원 앞에는 자유의 여신상이 아닌 정의
의 여신상이 있습니다.

7 '한밤중에 큰 소리가 들리자 아버지는 겉옷을 걸치고 급히 밖으로 나가셨다'라고 써야 맞는 표현입니다. '걸치다'는 '옷이나 장신구를 가볍게 입거나 걸다'라는 뜻입니다.

8 2문단에 자유 무역 협정을 맺은 나라끼리는 협상을 거쳐 수출입 관세를 낮춘다는 설명이 있습니다. 또 자유 무역 협정을 맺지 않은 나라는 무역 거래에서 소외될 수 있다고 나와 있습니다. 1문단에서 무역은 서로 부족하거나 필요한 물건과 서비스를 사고파는 것이라고 말하고 있습니다.

긴 글로 만나기

9 이 글은 공정 무역의 의미와 원칙을 설명한 글입니다. 공정 무역의 첫 번째 원칙은 생산자와 소비자가 직접 거래하는 것입니다. 두 번째 원칙은 노동자에게 정당한 대가를 지급하는 것입니다. 세 번째 원칙은 어린이의 노동과 강제 노동을 금지하는 것입니다. 그 외의 원칙까지 총 10개의 원칙이 있습니다.

10 공정 무역의 원칙 10개를 전 세계가 합의했다는 내용은 이 글에서 찾을 수 없습니다.

11 <보기>는 리즈 보하논이 우간다의 여성들을 고용하여 신발을 생산하고 공정 무역을 했다는 내용입니다. 공정 무역은 어린이 노동을 금지하는 원칙이 있으므로, 신발을 만드는 여성이 10세 이하의 어린이라는 설명은 틀린 설명입니다.

12 3문단에서 공정 무역은 노동자에게 정당한 대가를 지급하며, 협상을 통해 노동 조건과 최저 임금을 결정한다고 설명하고 있습니다.

[배경지식 넓히기] **보호 무역과 세계 무역 기구**

각국은 무역 과정에서 자기 나라의 경제를 보호하기 위해 새로운 법과 제도를 만듭니다. 경쟁력이 낮은 산업을 보호하고, 국민이 일자리를 잃는 것을 방지하며, 국가의 안정적인 성장을 이루기 위해서입니다.

또한 자기 나라의 산업을 보호하고 발전시키기 위해서 수입에 여러 가지 제한을 두는 '보호 무역'을 합니다. 수입품에 높은 관세를 매겨 가격을 비싸게 만들거나, 나라별로 상품의 수량을 정하여 해당 범위 안에서만 수입을 허락합니다. 수입을 제한하는 동시에 특정한 상품의 수출을 장려하기 위해 정부가 수출업자에게 수출 장려금을 주는 정책을 펴기도 합니다.

보호 무역을 비롯해 세계 여러 나라가 무역을 하다 보면 여러 문제가 생깁니다. 문제가 발생했을 때는 국제기구에 도움을 요청할 수 있습니다. 세계 무역 기구(WTO: World Trade Organization)는 나라와 나라 사이에서 발생한 무역 관련 문제를 공정하게 심판하고, 무역 관련 정책을 정하는 데 기준을 제시하는 역할을 합니다.

본문 76쪽

어휘 복습하기

1 제기

2 입수

3 고갈되다

4 선거

5 생산

6 수요

7 헌신

8 개정

9 바치다

10 독점

11 주목할

12 실현

13 해친

14 ⑤

15 공정

16 정당

17 협상

18 부과

19 (예시)

환절기에는 기후의 변화가 심하다.

20 (예시)

회의를 거쳐 교칙이 개정되었다.

21 (예시)

자율 주행 자동차 개발에 기업들이 앞다투어 뛰어들었다.

발	표	대	화	충	선
수	교	류	입	안	거
요	육	악	수	정	환
마	제	기	음	화	해
무	거	고	갈	되	다
리	생	산	나	물	증

실력 더하기

1 (1) ©, @   (2) ⊙, ©

2 (1) X   (2) ○   (3) ○

1 (1) '학생은 교복을 착용해야 한다'의 찬성 측 의견으로는 교복이 학생들끼리 일체감과 단결심을 느끼게 한다는 것과 단정한 교복이 바른 행실을 갖게 한다는 교복의 장점이 알맞습니다.

(2) '학생은 교복을 착용해야 한다'의 반대 측 의견으로는 교복의 비싼 가격이 가계에 부담이 되고, 교복이 학생의 개성을 방해한다는 교복의 단점이 알맞습니다.

2 (1) 어려움을 이겨 나갔다는 뜻이므로 '어려움을 헤치다'가 맞습니다.

(2) 옷 더미를 파거나 젖혀서 지갑을 찾았다는 뜻이므로 '옷 더미를 헤치다'가 맞습니다.

(3) 무리한 운동이 건강에 해를 입힐 수 있다는 뜻이므로 '건강을 해치다'가 맞습니다.

본문 82쪽

어휘로 만나기

1 (위에서부터)

지어, 절기, 수월할, 천문, 정교한

2 천지

3 (위에서부터)

≡, ↔, ≡

4

철호의 오랜 꿈은 시골에서 농사를 **짓는** 것이다.	논밭을 다루어 농사를 하다.
아이들은 교실에 줄을 **지어** 얌전히 앉아 있었다.	한데 모여 줄이나 대열 따위를 이루다.

짧은 글로 만나기

5 위치, 성격, 미래

6 ☑ 지금은 과학 기술이 발전해서 사용되는 경우가 거의 없다.

7 ☑ **절기**가 되면 고향을 찾아가는 사람들로 지하철역이 북적인다.

8 (위에서부터)

X, X, ○

긴 글로 만나기

9 (위에서부터)

장영실, 별자리, 절기

10 윤아

11 ☑ 혼천의는 장영실이 세계에서 처음으로 만든 우리나라의 자랑스러운 천체 관측 기구야.

12 우리나라의 날씨와는 맞지 않았기

어휘로 만나기

2 주어진 '天(하늘 천)'이 쓰인 어휘는 천지이며, 천년에는 '千(일천 천)', 하천에는 '川(내 천)'이 쓰입니다.

어휘 풀이

- **천지** (하늘 天, 땅 地) : 하늘과 땅을 아울러 이르는 말.
- **천년** (일천 千, 해 年) : 오랜 세월.
- **하천** (강 河, 내 川) : 강과 시내를 아울러 이르는 말.
- **천하** (하늘 天, 아래 下) : 하늘 아래 온 세상.

3 어휘 풀이

- **계절** : 규칙적으로 되풀이되는 자연 현상에 따라서 일 년을 구분한 것.
- **조잡하다** : 말이나 행동, 솜씨 따위가 거칠고 잡스러워 품위가 없다.
- **손쉽다** : 어떤 것을 다루거나 어떤 일을 하기가 퍽 쉽다.

4 철호가 시골에서 농사를 한다는 뜻이므로 '짓다'가 위 칸의 뜻으로 쓰였고, 아이들이 교실에 줄을 이루어 앉았다는 뜻이므로 '짓다'가 아래 칸의 뜻으로 쓰였습니다.

짧은 글로 만나기

5 이 글은 별자리가 무엇인지, 또 별자리에는 어떤 종류가 있는지 설명한 글입니다. 1문단에서 옛날 서양에서는 사람이 태어난 시기에 해당하는 별의 위치에 따라 사람의 성격이나 미래를 알 수 있다고 믿었다고 말하고 있습니다.

6 1문단에서 별자리는 지금까지도 성격이나 운세를 추측하는 데 사용된다고 설명하고 있습니다.

7 '명절이 되면 고향을 찾는 사람들로 지하철역이 북적인다'라고 써야 맞는 표현입니다.

8 1문단에서 봄철 밤하늘에서 볼 수 있는 사자자리는 가을철 밤하늘에서 찾아볼 수 없다고 말하고 있습니다. 2문단에서 지구에서는 태양과 같은 방향에 있는 별자리는 볼 수 없다고 말하고 있습니다. 또 지구가 태양을 중심으로 일 년에 한 바퀴씩 회전한다고 설명하고 있습니다.

봄, 여름, 가을, 겨울에 잘 보이는 별자리는 각각 다릅니다. 이렇게 계절에 따라 잘 보이는 별자리를 그 계절의 대표적인 별자리라고 합니다. 계절의 대표적인 별자리는 저녁 9시경 남쪽 하늘을 향하여 서 있을 때 머리 위에서 볼 수 있는 별자리입니다.

- **봄철 별자리** : 목동자리, 처녀자리, 사자자리 등
- **여름철 별자리** : 백조자리, 거문고자리, 독수리자리, 전갈자리 등
- **가을철 별자리** : 안드로메다자리, 물고기자리, 페가수스자리 등
- **겨울철 별자리** : 쌍둥이자리, 큰개자리, 오리온자리 등

긴 글로 만나기

9 이 글은 조선 시대 천체 관측 기구인 혼천의를 만들어진 배경, 만든 사람, 원리, 역할에 따라 분석하며 설명한 글입니다. 혼천의는 중국의 달력이 우리나라의 날씨와 맞지 않아 백성들이 농사에 어려움을 겪자 이를 해결하기 위해 만들어졌습니다. 세종대왕과 장영실, 이천 등의 과학자들이 함께 만들었으며, 물레바퀴의 힘으로 별자리의 움직임에 맞춰 돌아가는 원리를 갖고 있습니다. 이러한 혼천의는 시간과 절기를 파악하는 데 쓰였습니다.

10 혼천의는 시간의 흐름과 절기를 파악하게 해 주어, 우리나라만의 달력을 만드는 데 도움을 주었습니다. 덕분에 백성들은 농사를 전보다 수월하게 지을 수 있었고, 농사의 발전으로도 이어졌습니다. 혼천의에 대해 알맞지 않은 설명을 한 친구는 '윤아'입니다.

11 세종대왕과 장영실, 이천 등이 혼천의를 만들기 전에 고대 중국에서 혼천의가 처음 만들어졌다는 내용을 2문단에서 확인할 수 있습니다. 따라서 장영실이 세계에서 처음으로 혼천의를 만들었다는설명은 틀린 설명입니다. 혼천의뿐만 아니라 간의, 앙부일구, 자격루가 만들어진 것을 통해 세종대왕이 과학에 관심이 많았다는 것을 짐작할 수 있습니다. <보기>를 통해 장영실이 재주가 있었으나, 노비의 신분이라 신하로 뽑기 어려워 세종대왕이 장영실에게 벼슬을 내렸다는 것을 짐작할 수 있습니다.

12 1문단에서 조선 시대 사람들은 중국의 달력을 보고 절기를 예측해 농사를 지었지만, 우리나라의 날씨와는 맞지 않아 농사에 어려움을 겪었다고 설명하고 있습니다.

세종대왕은 과학, 문화, 국방 등 다양한 분야에서 업적을 세웠습니다. 먼저 문화 분야를 정비했습니다. 오랫동안 전해 내려오던 음악을 우리나라에 맞춰 고치고, 인쇄술을 발전시켜 더 많은 책을 제작했습니다. 특히 글을 몰라 어려움을 겪는 백성들을 돕고자 혀와 입술의 모양에서 과학적 원리를 찾아 훈민정음을 창제했습니다. 또한 국방을 강화하는 데 힘썼습니다. 왜구를 물리치기 위해서 쓰시마섬을 정벌했고, 여진족의 침입을 막기 위해서 4군 6진을 개척하여 조선의 국경을 압록강과 두만강까지 확장했습니다.

본문 88쪽

어휘로 만나기

1 (위에서부터)

팽창, 분산, 오목하게, 압력, 견디지

2 ☑ 그녀는 과학 분야를 전문적으로 취재한 **경력**
이 있다.

3 (위에서부터)

↔, ↔, =

4

| 그는 고통을 **견디고** 시련을 극복했다. | — | 힘들거나 어려운 것을 참고 버티어 살아 나가다. |
| 이 집은 화재를 잘 **견디는** 소재로 만들어졌다. | — | 열이나 압력 등을 받으면서도 원래의 상태를 유지하다. |

짧은 글로 만나기

5 ☑ 세탁기에 옷을 빨았더니 **팽창**하여 작아졌다.

6 ☑ 과자를 바삭하게 보관하기 위해 과자 봉지 안
에 산소를 넣는다.

7 압력

8 (위에서부터)

○, X, ○

긴 글로 만나기

9 ③

10 ③

11 ☑
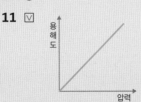

용해도 / 압력

12 압력을 견디기

2 주어진 '力(힘 력)'이 쓰인 어휘는 압력, 협력, 체력
이며, 경력에는 '歷(지낼 력)'이 쓰입니다.

어휘 풀이

□ **협력** (화합할 協, 힘 力) : 힘을 합하여 서로 도움.

□ **체력** (몸 體, 힘 力) : 몸의 힘이나 기운.

□ **경력** (경서 經, 지낼 歷) : 이제까지 가진 학업, 직업,
업무와 관련된 경험.

3 어휘 풀이

□ **수축** : 부피나 규모가 줄어듦.

□ **집중** : 한곳을 중심으로 하여 모임.

□ **움푹하다** : 가운데가 우묵하게 푹 들어간 데가 있다.

4 고통과 같이 힘들고 어려운 상황을 참고 버틴다는
뜻이므로 '견디다'가 위 칸의 뜻으로 쓰였고, 외부
자극에도 원래 상태를 유지한다는 뜻이므로 '견디
다'가 아래 칸의 뜻으로 쓰였습니다.

5 '세탁기에 옷을 빨았더니 수축하여 작아졌다'라고
써야 맞는 표현입니다.

6 이 글은 여러 가지 기체의 종류와 이용 사례를 설명
한 글입니다. 2문단에서 질소가 과자 봉지 안에 든
내용물을 보존하는 데 이용된다고 말하고 있습니다.
따라서 과자를 바삭하게 보관하기 위해 산소를 넣
는 것은 알맞지 않습니다.

7 누르는 힘을 뜻하는 '압력'이 가장 알맞습니다.

어휘 풀이

□ **기압** : 기체의 압력.

□ **기체** : 일정한 모양이나 부피가 없고 널리 퍼지려는
성질이 있어 자유롭게 떠서 돌아다니는 물질.

8 2문단에서 기체의 부피가 온도에 영향을 받아 늘어
나거나 줄어든다고 설명하고 있습니다. 또 압력이
일정할 때 온도가 높아지면 기체의 부피가 늘어난
다고 말하고 있습니다. 1문단에서 온도가 일정할 때
압력이 커지면 기체의 부피는 줄어든다고 설명하고
있습니다.

9 이 글은 대기압에서 이산화 탄소를 물에 녹이면 그 양이 적기 때문에 탄산음료를 만들려면 높은 압력이 필요하다고 설명하고 있습니다. 압력이 높을수록 이산화 탄소를 더 많이 녹일 수 있기 때문입니다. 그러므로 이산화 탄소가 물에 녹는 양은 온도가 아닌 압력이 높을수록 증가합니다.

10 이 글은 탄산음료 캔 안에 들어 있는 이산화 탄소의 높은 압력을 견디기 위해 캔 바닥이 오목하다고 설명하고 있습니다. 캔 안에 이산화 탄소 외에 다른 기체가 있는지에 대해서는 설명하고 있지 않습니다.

오답 풀이

✖ 탄산음료 캔 바닥이 평평하다면 어떻게 될까에 대한 답은 4문단에서 찾을 수 있습니다. 캔 바닥이 평평하다면 높은 압력으로 인해 캔이 팽창하며 바닥이 볼록 튀어나올 수 있다는 내용을 확인할 수 있습니다.

✖ 탄산음료를 따르면 생기는 거품에 대한 내용은 2문단에 있습니다. 이때 발생하는 거품은 음료에 녹아 있던 이산화 탄소가 빠져나온 것입니다.

✖ 우리 생활에 아치가 사용된 예는 마지막 문단에서 찾을 수 있습니다. 스프레이 통, 아치형 다리가 있습니다.

✖ 아치 구조의 다리가 무게를 견디는 까닭은 4문단에서 찾을 수 있습니다. 아치 구조는 수직으로 누르는 힘을 양옆으로 분산시키기 때문에 높은 압력도 잘 견딜 수 있습니다.

11 ㉠은 기체는 압력이 높을수록 액체에 잘 녹는다는 설명입니다. 압력이 높아질수록 기체의 용해도는 증가하므로, 압력과 기체의 용해도의 관계는 비례 관계입니다. 따라서 세 번째 비례 그래프가 알맞은 것입니다.

12 이 글은 탄산음료 캔의 바닥이 오목하게 들어가 있어서 높은 압력을 잘 견딜 수 있다고 말하고 있습니다. 또 가운데가 활처럼 굽은 모양의 아치 구조는 누르는 힘을 양옆으로 분산시켜 압력을 잘 견딘다고 설명하고 있습니다.

[배경지식 넓히기] **체했을 때 탄산음료를 마시면?**

음식을 급하게 먹거나 제대로 씹지 않고 삼키면 속이 더부룩하고 답답한 느낌이 납니다. 이를 두고 흔히 체했다고 합니다. 많은 사람이 체했을 때 탄산음료를 마십니다. 음료를 마셔서 트림이 나오면 소화가 되었다고 느끼지만, 실제로 소화가 되는 것은 아닙니다. 트림은 음료와 함께 마신 공기와 탄산이 다시 나오는 것이기 때문입니다. 체했을 때는 수분을 충분히 섭취하거나 증상이 심한 경우 소화제를 먹는 것이 좋습니다.

본문 94쪽

어휘로 만나기

1 (위에서부터)

도달, 오므리는, 양분, 옳는, 처졌다

2 ☑ 한낮의 뜨거운 열기는 **석양** 무렵이 되자 점점 가라앉았다.

3 (위에서부터)

=, =, ↔

4 (1) ㉠ (2) ㉡

짧은 글로 만나기

5 ☑ 할머니 텃밭의 흙에는 **양분**이 많아서 옥수수가 잘 자란다.

6 ☑ 줄기는 잎에서 만든 양분을 식물 전체로 보낸다.

7 ☑ 그는 지난번 시험을 망친 것은 잊고 새로운 **도달**을 시작하리라 다짐했다.

8 (위에서부터)

○, X, X

긴 글로 만나기

9 ☑ 미모사 이름의 유래와 미모사가 움직이는 원리

10 ②

11 ☑ 미모사를 만지면 잎을 오므리는 까닭은 식물이 햇빛 쪽으로 움직이기 때문이야.

12 엽침에 있던 물이 이동하여 윗부분과 아랫부분의 압력이 달라지기

2 주어진 '養(기를 양)'이 쓰인 어휘는 양분, 양육, 영양소이며, 석양에는 '陽(볕 양)'이 쓰입니다.

어휘 풀이

☐ **양육** (기를 養, 기를 育) : 아이를 보살펴 자라게 함.

☐ **영양소** (지을 營, 기를 養, 성질 素) : 성장을 촉진하고 생리적 과정에 필요한 에너지를 공급하는 영양분이 있는 물질.

☐ **석양** (저녁 夕, 볕 陽) : 저녁때의 햇빛.

3 어휘 풀이

☐ **도착** : 목적한 곳에 다다름.

☐ **낭송하다** : 크게 소리를 내어 글을 읽거나 외다.

☐ **펼치다** : 펴서 드러내다.

4 (1) 이불이 빨랫줄 아래로 늘어졌다는 뜻이므로 '처지다'가 ㉠의 뜻으로 쓰였습니다. (2) 성적이 친구들보다 떨어졌다는 뜻이므로 '처지다'가 ㉡의 뜻으로 쓰였습니다.

짧은 글로 만나기

5 텃밭의 흙에 영양이 되는 성분이 많다는 뜻이므로, '양분'이 밑줄 친 ㉠과 같은 뜻으로 쓰였습니다.

오답 풀이

✖ 학년마다 의견이 달라서 두 곳으로 나뉘었다는 뜻이므로, '양분'이 '둘로 가르거나 나눔'이라는 뜻으로 쓰였습니다.

✖ 제도에 찬성하는 쪽과 반대하는 쪽으로 의견이 나뉘었다는 뜻이므로, '양분'이 '둘로 가르거나 나눔'이라는 뜻으로 쓰였습니다.

6 줄기는 식물을 지지하고 뿌리에서 흡수한 물을 잎으로 보내는 역할을 하고, 잎은 그 물을 이용해 광합성을 하여 양분을 만듭니다. 그리고 그 양분이 줄기를 통해 식물 전체로 퍼집니다.

오답 풀이

✖ 씨를 만드는 것은 꽃이고, 씨를 멀리 퍼뜨리는 것은 열매입니다.

✖ 땅속의 물을 흡수하고 식물을 지지하는 것은 뿌리입니다.

7 '그는 지난번 시험을 망친 것을 잊고 새로운 출발을 시작하리라 다짐했다'라고 써야 맞는 표현입니다.

8 2문단에 줄기는 뿌리에서 흡수한 물을 잎과 꽃으로 전달한다고 나와 있습니다. 이 글에서 줄기의 생김새가 식물의 크기와 관련 있다는 내용은 찾을 수 없습니다.

긴 글로 만나기

9 이 글은 미모사에 관한 그리스 신화와 미모사가 움직이는 원리를 설명하고 있습니다.

오답풀이

✖ 미모사가 낮에는 잎을 활짝 벌려 광합성을 하며 스스로 양분을 만든다는 내용이 있지만, 글의 중심 내용에 해당하지는 않습니다.

✖ 미모사가 동물이나 벌레에게 잡아먹히지 않도록 잎을 오므리고, 광합성을 하기 위해 잎을 핀다는 내용이 있지만, 글의 중심 내용에 해당하지는 않습니다.

10 미모사는 밤이 아닌 낮에 잎을 활짝 벌려 광합성을 한다는 내용을 4문단에서 찾을 수 있습니다.

[배경지식 넓히기] **광합성**

식물의 잎에 있는 엽록체에는 '엽록소'라는 녹색 색소가 들어 있어 식물의 잎을 녹색으로 보이게 합니다. 이 엽록소는 광합성에 필수적인 역할을 합니다.

물과 이산화 탄소가 만나서 햇빛을 받으면 광합성이 일어납니다. 광합성이 일어나면 산소, 물, 포도당이 생기는데 이 포도당이 바로 식물에게 필요한 양분입니다. 사람은 음식을 섭취하여 에너지를 얻지만, 식물은 광합성을 통해 스스로 에너지를 얻습니다. 광합성은 강한 빛을 받을수록, 온도가 적당히 높을수록(보통 35℃에서 가장 잘 일어남) 활발하게 일어납니다. 그래서 겨울보다 여름에 식물이 더 잘 자라는 것입니다.

11 미모사를 만지면 잎이 오므라드는 까닭은 물의 이동 때문입니다. 식물이 햇빛 쪽을 향해 자라는 것과는 관련이 없습니다.

오답풀이

✖ <보기>에서 추운 곳에서 꽃잎을 닫는 식물이 있다고 설명했으므로, 추운 날 튤립이 꽃잎을 닫는 것은 식물이 온도에 영향을 받아 움직이기 때문이라는 것을 짐작할 수 있습니다.

✖ <보기>에서 식물이 물이 있는 쪽으로 자란다고 했으므로, 강가에 있는 식물의 뿌리가 강을 향한 것에서 식물이 물이 있는 쪽으로 자란다는 것을 짐작할 수 있습니다.

12 평소에는 미모사의 엽침에 물이 모여 있지만, 잎을 만지면 엽침에 있던 물이 이동하여 윗부분과 아랫부분의 압력이 달라지기 때문에 잎이 오므라든다는 내용을 3문단에서 찾을 수 있습니다.

[배경지식 넓히기] **해바라기에 관한 그리스 신화**

그리스 신화에는 미모사 말고도 다른 꽃들에 관한 이야기가 있습니다. 태양의 신 헬리오스는 레우코테아라는 한 소녀를 사랑하게 되었습니다. 그리고 레우코테아의 동생인 클리티에는 헬리오스를 사랑했습니다.

언니와 헬리오스의 사랑을 질투한 클리티에는 언니에 대한 안 좋은 소문을 퍼뜨려 아버지 오르카모스를 크게 화나게 만들었습니다. 분노한 오르카모스는 레우코테아를 죽게 만들었고, 헬리오스는 슬픔에 빠졌습니다.

언니가 죽자 클리티에는 헬리오스에게 구애를 했지만, 클리티에의 말 때문에 연인을 잃은 헬리오스가 그녀를 받아줄 리가 없었습니다. 클리티에는 아무것도 먹거나 마시지 않고 태양만 바라보며 헬리오스를 기다렸습니다. 결국 클리티에의 다리는 땅속에서 뿌리가 되었고, 얼굴은 해바라기 꽃으로 변했습니다. 그래서 해바라기는 항상 헬리오스를 기다리며 태양을 바라보고 있습니다.

본문 100쪽

어휘로 만나기

1 (위에서부터)

시야, 굴절, 진화, 확대, 퍼져

2 ☑ 나는 학원 갈 **시간**이 다가와서 서둘러 준비했다.

3 (위에서부터)

=, ↔, =

4 (1) ⓛ (2) ⓒ (3) ⓘ

짧은 글로 만나기

5 가운데, 다르게

6 (위에서부터)

○, ○, X

7 ☑ 선발 인원을 10명에서 5명으로 **확대**했다.

8 ☑ 현미경의 대물렌즈는 접안렌즈에 맺힌 물체를 더욱 확대한다.

긴 글로 만나기

9 케플러식, 제임스 웹

10 ⑤

11 ②

12 ☑

---

2 주어진 '視(볼 시)'가 쓰인 어휘는 시야, 시청, 시선이며, 시간에는 '時(때 시)'가 쓰입니다.

어휘 풀이

☐ **시간** (때 時, 사이 間) : 한 시각에서 한 시각까지의 사이.

☐ **시청** (볼 視, 들을 聽) : 눈으로 보고 귀로 들음.

☐ **시선** (볼 視, 줄 線) : 눈이 가는 방향.

3 어휘 풀이

☐ **발달** : 신체, 정서, 지능 따위가 성장하거나 성숙함.

☐ **축소** : 모양이나 규모 따위를 줄여서 작게 함.

☐ **꺾임** : 물이나 소리 등이 다른 물질과 만나는 경계면에서 진행 방향이 바뀌는 현상.

4 (1) 폭식을 하여 살이 쪘다는 뜻이므로 '퍼지다'가 ⓛ의 뜻으로 쓰였습니다. (2) 치마의 밑단이 점점 넓어진다는 뜻이므로 '퍼지다'가 ⓒ의 뜻으로 쓰였습니다. (3) 꽃향기가 방에 퍼졌다는 뜻이므로 '퍼지다'가 ⓘ의 뜻으로 쓰였습니다.

5 1문단에서 볼록 렌즈는 가장자리보다 가운데 부분이 두꺼운 렌즈이고, 빛을 굴절시키기 때문에 볼록 렌즈로 물체를 보면 실제 모습과 다르게 보인다고 설명하고 있습니다.

6 1문단에 물체와 볼록 렌즈 사이의 거리가 멀면 실제보다 작고 거꾸로 보인다는 설명이 있습니다. 2문단에 볼록 렌즈는 빛을 한곳으로 모으는 성질이 있다고 나와 있습니다. 또 빛이 렌즈를 통과할 때 렌즈의 두꺼운 쪽으로 꺾인다는 설명이 있습니다.

7 '선발 인원을 10명에서 5명으로 축소했다'라고 써야 맞는 표현입니다.

8 대물렌즈가 아닌 접안렌즈가 대물렌즈에 맺힌 물체를 더욱 확대합니다. 1차로 대물렌즈에서 빛을 모아 크고 거꾸로 된 물체의 모습을 맺히게 합니다. 그리고 2차로 접안렌즈는 이 물체의 모습을 더 크게 보이도록 합니다.

9 이 글에서 망원경의 진화 과정을 다음과 같이 설명하고 있습니다. 1609년 갈릴레이식 망원경 → 1611년 케플러식 망원경 → 1668년 뉴턴식 망원경 → 1990년 허블 우주 망원경 → 2021년 12월 제임스 웹 우주 망원경. 그러므로 빈칸에 들어갈 알맞은 말은 '케플러식'과 '제임스 웹'입니다.

10 1문단은 망원경이 멀리 있는 물체를 확대하여 정확히 볼 수 있게 만든 장치라고 설명합니다. 2~3문단은 최초로 우주를 관측하게 해 준 '갈릴레이식 망원경'과 이 망원경의 단점을 해결한 '케플러식 망원경'에 대해 설명하고 있습니다. 4~5문단은 물체가 흐릿하게 보이는 단점을 개선한 '뉴턴식 망원경'과 우주 관측을 위해 쏘아 올린 '허블 우주 망원경'에 대해 설명하고 있습니다. 마지막 문단은 허블 우주 망원경에 뒤를 이어 우주를 관측할 '제임스 웹 우주 망원경'에 대한 내용입니다. 각 문단의 내용을 종합하면 이 글의 중심 내용으로 '망원경의 진화 과정'이 가장 알맞습니다.

| 오답 풀이 |

✖ 이 글은 망원경의 구조에 대해 설명하고 있지 않습니다.

✖ 2문단에서 1608년에 한 안경 제작자가 처음으로 망원경을 발명했다고 말하고 있지만, 글의 중심 내용은 아닙니다.

✖ 이 글은 망원경의 역사에 대해 말하고 있습니다.

✖ 이 글에서 우주 망원경의 단점은 나오지 않습니다.

11 갈릴레이는 볼록 렌즈와 오목 렌즈로 '갈릴레이식 망원경'을 만들어 최초로 우주를 관측했습니다. 갈릴레이가 최초로 망원경을 우주로 발사했다는 설명은 알맞지 않습니다.

[배경지식 넓히기] **갈릴레이**

갈릴레이가 살았던 시대의 사람들은 우주의 중심은 지구이고, 모든 천체는 지구의 둘레를 돈다는 '천동설'을 믿었습니다. 반면 갈릴레이는 지구가 태양의 주위를 돈다는 '지동설'을 믿었습니다. 갈릴레이는 직접 만든 망원경으로 우주를 관측해 지동설을 입증하려 했지만, 종교 재판을 받는 등 연구에 제약을 받았습니다.

12 오목 렌즈는 가운데가 얇고 가장자리가 두꺼운 렌즈라는 <보기>의 설명에 따르면, 오목 렌즈는 두 번째 그림에 해당합니다. 첫 번째와 세 번째 그림은 볼록 렌즈에 해당합니다.

[배경지식 넓히기] **우주 망원경**

■ **허블 우주 망원경**

허블 우주 망원경은 1990년 4월 24일, 미국의 우주 왕복선 디스커버리호에 실려 우주로 쏘아 올려졌습니다. 이후 31년 동안 우주를 돌며 50만 장의 천체 사진을 지구로 보냈습니다. 과학자들은 허블 우주 망원경을 통해 우주의 나이, 우주의 팽창 정도, 거대한 블랙홀의 존재 등을 알게 되었습니다.

■ **제임스 웹 우주 망원경**

제임스 웹 우주 망원경에 설치된 거울의 지름은 약 6.5미터입니다. 이 크기는 허블 우주 망원경 지름(2.4미터)의 약 2.7배이고, 일본의 스피카 우주 망원경 지름(3.5미터)의 약 1.8배에 해당하는 크기입니다. 거울의 넓이가 넓을수록 빛을 많이 모을 수 있기 때문에 제임스 웹 우주 망원경으로 우주를 관측하면 더 멀리 볼 수 있습니다. 과학자들은 이 우주 망원경이 허블 우주 망원경보다 3배 이상의 성능을 나타낼 것이라 기대하고 있습니다.

본문 106쪽

어휘로 만나기

1 (위에서부터)

재어, 비율, 사후, 헤맨, 원리

2 ☑ 누구나 아무에게도 말하지 않은 혼자만의 **비밀**이 있다.

3 (위에서부터)

=, ↔, =

4 (1) ㉢ (2) ㉠ (3) ㉡

짧은 글로 만나기

5 ☑ 통계 자료에 따르면 이 지역은 청년층의 **비율**이 높다.

6 비교, 기준량, 비교

7 사후

8 (위에서부터)

○, X, X

긴 글로 만나기

9 ⑤

10 ☑ 바닥이 정사각형이라는 것을 통해 피라미드가 사각기둥의 형태라는 것을 알 수 있어.

11 2

12 피라미드 높이와 피라미드 그림자 길이

2 주어진 '比(비교할 비)'가 쓰인 어휘는 비율, 비례, 비교이며, 비밀에는 '秘(숨길 비)'가 쓰입니다.

　　어휘 풀이

□ **비례** (비교할 比, 법식 例) : 한쪽의 양이나 수가 증가하는 만큼 그와 관련된 다른 쪽의 양이나 수도 증가함.

□ **비교** (비교할 比, 견줄 較) : 둘 이상의 사물을 견주어 서로 간의 유사점, 차이점, 일반 법칙 따위를 고찰하는 일.

□ **비밀** (숨길 秘, 빽빽할 密) : 숨기어 남에게 드러내거나 알리지 말아야 할 일.

3 　어휘 풀이

□ **원칙** : 어떤 행동이나 이론 따위에서 일관되게 지켜야 하는 기본적인 규칙이나 법칙.

□ **생전** : 살아 있는 동안.

□ **갈팡질팡하다** : 갈피를 잡지 못하고 헤매다.

4 (1) 일을 너무 따지고 헤아렸다는 뜻이므로 '재다'가 ㉢의 뜻으로 쓰였습니다. (2) 감자의 무게를 알아보았다는 뜻이므로 '재다'가 ㉠의 뜻으로 쓰였습니다. (3) 주위 사람에게 잘난척했다는 뜻이므로 '재다'가 ㉡의 뜻으로 쓰였습니다.

5 지역의 청년층 비율이 높다는 뜻이므로 '비율'이 알맞게 쓰였습니다.

　　오답 풀이

✘ '내가 직접 쓴 동시를 운율에 맞춰 낭송했다'로 써야 맞는 표현입니다. 운율은 '시에서 비슷한 소리의 특성이 일정하게 반복되는 형식'이라는 뜻입니다.

✘ '정확히 관찰하려면 배율이 높은 현미경이 필요하다'로 써야 맞는 표현입니다. 배율은 '거울, 렌즈, 현미경, 망원경 등을 통해 보이는 물체의 크기와 실제 크기의 비율'이라는 뜻입니다.

6 1문단에서는 비, 2문단에서는 비율에 대한 설명을 하고 있습니다. 비는 두 수의 크기를 비교할 때 사용하는 것이고, 비율은 기준량에 대한 비교하는 양의 크기입니다.

7 이집트 사람들은 사람이 죽으면 죽은 이후의 세계가 있다고 믿었다는 내용이므로 '사후'가 가장 알맞습니다.

어휘 풀이

- □ **생후** : 태어난 후.
- □ **최후** : 맨 마지막.
- □ **전후** : 앞과 뒤를 아울러 이르는 말.
- □ **직후** : 어떤 일이 있고 난 바로 다음.

8 이집트는 아프리카 대륙에 있는 나라입니다. 쿠푸 왕의 피라미드는 가장 큰 피라미드로 높이가 146미터이고, 밑면의 한 변의 길이는 230미터입니다.

[배경지식 넓히기] **풀리지 않은 피라미드의 비밀**

　피라미드에 대해 지금까지 풀리지 않은 의문들이 많습니다. 그래서 피라미드를 세계 7대 불가사의 중 하나로 꼽습니다.

　피라미드는 밑면이 정사각형이고 대각선이 직각이 되도록 정밀하게 설계되었습니다. 돌을 단순히 쌓아 올리는 것이 아니라, 위로 갈수록 좁아지는 형태로 만들어야 해서 건축 과정에서 매번 정확한 계산과 측량이 필요합니다. 과학과 수학이 지금보다 발달하지 않은 시대에 어떻게 정밀한 계산으로 거대한 건축물을 지었는지 비밀로 남아 있습니다. 또 피라미드를 짓는 데 사용된 거대한 돌들을 어떻게 운반하고 쌓아 올렸는지, 그리고 어떤 도구를 사용했는지에 대해서도 알려진 바가 없습니다. 본격적인 철기 시대가 아니었던 고대 이집트에서 나무, 물, 돌망치 등을 이용했을 것이라는 추측만 있을 뿐입니다.

긴 글로 만나기

9 탈레스는 자와 각도기가 아닌 막대기 하나를 이용하여 피라미드의 높이를 측정했습니다.

10 <보기>에 쿠푸 왕 피라미드의 바닥이 정사각형이라고 설명되어 있고, 1문단에서 피라미드가 사각뿔 모양이라고 말하고 있으므로, 피라미드가 사각기둥이라는 설명은 틀린 설명입니다.

　오답 풀이

✖ 본문에 따르면 탈레스는 지금으로부터 2,600년 전에 피라미드 높이를 쟀고, <보기>에서 페트리가 1880년대에 피라미드의 크기를 측정했다고 했으므로, 탈레스가 페트리보다 먼저 피라미드의 높이를 측정한 것이 맞습니다.

✖ 탈레스가 측정한 피라미드의 높이는 144미터이고, 페트리가 측정한 높이는 146미터이므로, 서로 2미터밖에 차이가 나지 않습니다.

11 탈레스가 피라미드의 높이를 구한 원리는 같은 시각에 물체의 높이와 그림자 길이의 비율은 물체의 높이와 상관없이 일정하다는 것입니다. 막대기 높이와 막대기 그림자 길이의 비가 1:1이므로 나무의 그림자 길이가 2미터이면 나무의 높이 또한 2미터가 됩니다.

12 탈레스가 피라미드의 높이를 구한 원리는 3문단에서 찾을 수 있습니다. 시각이 같을 때 막대기 높이와 막대기 그림자 길이의 비는 피라미드 높이와 피라미드 그림자 길이의 비와 같습니다.

[배경지식 넓히기] **탈레스**

　다재다능한 탈레스는 철학의 아버지라고도 불립니다. 고대 그리스 철학자들이 가장 먼저 의문을 가진 것은 '세상은 무엇으로 이루어졌을까?'였습니다.

　이 질문에 가장 먼저 답을 내린 사람이 탈레스입니다. 당시 고대 그리스 사람들은 자연 현상의 원인을 신의 뜻이라고 생각했습니다. 하지만 탈레스는 자연에서 그 원인을 찾으려고 했습니다. 그리고 그는 모든 것의 근원은 '물'이라고 주장했습니다. 그는 이 세상 모든 사물은 고체, 액체, 기체의 세 가지 형태를 띠고, 물이 바로 이 모든 형태를 갖고 있다고 말했습니다. 또 모든 생물이 물을 마셔야 살 수 있다는 근거도 제시했습니다. 이렇게 탈레스는 자연을 끊임없이 관찰하고 기록하며 철학에 대한 답을 찾아가는 사람이었습니다.

본문 112쪽

어휘 복습하기

1 사후
2 팽창
3 확대
4 절기
5 처지다
6 수월하다
7 도달
8 견디다
9 헤매다
10 오목한
11 분산
12 읊어
13 짓는
14 쟀더니
15 진화
16 압력
17 굴절
18 시야
19 원리
20 ⓒ
21 ⓒ
22 ⓒ
23 (예시)

나는 천문학자가 되어 천문을 연구하는 것이 꿈이다.

24 (예시)

식물들이 광합성을 통해 스스로 양분을 만드는 것이 신기하다.

25 (예시)

미모사는 스스로 잎을 오므리는 신비한 식물이다.

실력 더하기

1 ☑ 날씨는 짧은 기간의 공기 상태를 말합니다. 반면에 기후는 한 지역에서 오랜 기간에 나타나는 날씨의 평균적인 상태로, 날씨보다 범위가 넓습니다.

2 (1) X   (2) ○   (3) X

1 (1) '분석'은 하나의 대상을 여러 부분으로 나누어 부분별로 설명하는 방법을 말합니다. 세 번째 글은 날씨와 기후의 차이점을 설명한 글로 '대조'에 해당합니다.

2 (1) 축구장이 새로 만들어졌다는 뜻이므로 '축구장을 새로 짓다'가 맞습니다.
(2) 학생들이 박물관 앞에 모여 줄을 이루었다는 뜻이므로 '줄을 지어 서 있었다'가 맞습니다.
(3) 강아지가 목청으로 소리를 낸다는 뜻이므로 '강아지가 반갑게 짖다'가 맞습니다.

본문 118쪽

어휘로 만나기

1 (위에서부터)

  가락, 풍습, 강제, 억양, 떨었다

2 풍물

3 (위에서부터)

  음률, 어조, 강압

4 (1) ⓒ (2) ⓛ (3) ⑤

짧은 글로 만나기

5 풍습

6 (위에서부터)

  ○, X, X

7 ☑ 국수 한 **가락**을 먹으려는데 친구에게 전화가
   왔다.

8 ☑ 조선 왕조에 반발한 신하들이 산에 들어가 지
   은 시가 정선아리랑이 되었다.

긴 글로 만나기

9 (위에서부터)

  아리랑, 유래, 토리, 민요

10 ☑ 콧소리를 섞어 부르던 제주민요는 일정한 장
    단이 없다.

11 ☑ 소리를 떨거나 꺾어서 부르는 진도아리랑은
    수심가토리로 불렀구나.

12 지역마다 자연환경과 생활 모습, 풍습이 달랐기
    때문입니다.

2 주어진 '風(풍속 풍)'이 쓰인 어휘는 풍물이며, 단풍
   에는 '楓(단풍 풍)', 풍년에는 '豊(풍년 풍)'이 쓰입
   니다.

  어휘 풀이

☐ **단풍** (붉을 丹, 단풍 楓) : 단풍나무의 잎.

☐ **풍년** (풍년 豊, 해 년 年) : 곡식이 잘 자라고 잘 여물
   어 수확이 많은 해.

☐ **풍물** (풍속 風, 물건 物) : 어떤 지방이나 계절 특유의
   구경거리나 산물.

☐ **풍류** (풍속 風, 흐를 流) : 멋스럽고 풍치가 있는 일.

3 어휘 풀이

☐ **강압** : 강한 힘이나 권력으로 강제로 억누름.

☐ **음률** : 소리와 음악의 가락.

☐ **어조** : 말의 가락.

4 (1) 이미 지난 일에 대한 생각을 버리고 새 일을 생
   각한다는 뜻이므로 '떨다'가 ⓒ의 뜻으로 쓰였습니
   다. (2) 옷에 쌓인 눈을 털었다는 뜻이므로 '떨다'가
   ⓛ의 뜻으로 쓰였습니다. (3) 목소리가 울림을 일으
   켰다는 뜻이므로 '떨다'가 ⑤의 뜻으로 쓰였습니다.

5 민요는 우리 조상들의 생활 모습과 여러 풍속 등이
   담긴 노래입니다. 그러므로 빈칸에 들어갈 가장 알
   맞은 말은 '풍습'입니다.

  어휘 풀이

☐ **역사** : 인간 사회가 시간이 지남에 따라 흥하고 망하
   면서 변해 온 과정. 또는 그 기록.

☐ **종교** : 신이나 초자연적인 존재를 믿고 복종하면서
   생활이나 철학의 기본으로 삼는 문화 체계.

☐ **자연** : 사람의 힘이 더해지지 아니하고 세상에 스스
   로 존재하거나 우주에 저절로 이루어지는 모든 존
   재나 상태.

☐ **계절** : 규칙적으로 되풀이되는 자연 현상에 따라서
   일 년을 구분한 것.

6 2문단에서 민요를 통해 그 나라만의 독특한 민족성이나 국민성을 알 수 있다고 설명하고 있습니다. 또한 독일 민요 「로렐라이」를 통해 독일의 소박하고 규칙적인 민족성을 알 수 있다고 나와 있습니다. 1~2문단에서 민요는 누군가 만든 노래가 아니라 자연스럽게 만들어졌고, 민중들의 입을 통해 전해졌다고 설명하고 있습니다.

7 국수 한 가락의 '가락'은 가늘고 길게 토막이 난 물건을 세는 단위를 말합니다.

8 2문단에서 고려 왕조를 섬기던 신하들이 조선 왕조에 반발하여 산속으로 들어가 외롭게 지냈고, 그곳에서 쓴 시가 정선아리랑이 되었다고 설명하고 있습니다.

오답풀이

✖ 1문단에서 강원도 정선은 깊은 산속에 있고 길이 험해 사람들이 잘 찾지 않는 곳이라고 설명하고 있습니다.

✖ 2문단에서 정선아리랑은 유래가 다양하게 전해지고 있다고 설명하고 있습니다. 따라서 유래가 확실하다는 설명은 틀린 설명입니다.

긴 글로 만나기

9 1문단은 유네스코 인류 무형 문화재로 등재된 아리랑에 대해 설명하고 있습니다. 2문단은 아리랑이라는 이름을 갖게 된 유래에 대해 설명하고 있습니다. 3~4문단은 지역마다 서로 다른 음악적 특징인 토리와 지역별 민요에 대해 설명하고 있습니다. 마지막 문단은 아리랑이 우리 민족을 하나로 연결해 주는 민요라고 설명하고 있습니다.

[배경지식 넓히기] **자랑스러운 우리 문화재**

　　유네스코 세계 유산이란 유네스코가 인류를 위해 보호해야 할 가치가 있다고 인정한 유산을 말합니다. 문화 유산과 자연 유산을 포함하는 '세계 유산', 형태가 없는 언어나 예술, 지식 등을 포함하는 '인류 무형 유산', 문화를 계승하는 데 중요한 기록을 담고 있는 '세계 기록 유산' 세 가지로 구분됩니다. 우리나라 문화재가 다수 등재되어 있습니다. 수원 화성과 제주 화산섬 등은 세계 유산, 아리랑과 강강술래 등은 인류 무형 유산, 훈민정음과 조선왕조실록 등은 세계 기록 유산으로 지정되어 있습니다.

10 콧소리를 섞어 부르며 일정한 장단이 없는 것은 서도민요의 특징입니다. 제주민요는 억양이 강하고 사투리를 사용해 독특한 느낌이 납니다.

11 <보기>의 내용은 지역별 민요가 사용하는 토리에 대한 설명입니다. 소리를 떨거나 꺾어서 부르는 민요는 남도민요로 진도아리랑이 대표적입니다. <보기>에 따르면 남도민요는 육자배기토리를 사용하므로 수심가토리로 불렀다는 내용이 옳지 않습니다.

오답풀이

✖ 경기아리랑은 경기민요로 경토리를 사용합니다.

✖ 동부민요는 지역에 따라 민요의 느낌이 다르지만, 토리는 같은 메나리토리를 사용합니다.

12 3문단에서 토리가 지역별로 다양한 까닭은 지역마다 자연환경과 생활 모습, 풍습이 달랐기 때문이라고 설명하고 있습니다.

[배경지식 넓히기] **민요의 종류**

　　민요는 곡의 완성도와 사람들에게 퍼진 정도에 따라 토속 민요와 통속 민요로 나뉩니다. 토속 민요는 한 지역에서만 불리는 민요로 소박하고 향토적이고, 통속 민요는 전문 소리꾼들이 불러서 전국적으로 널리 퍼진 민요로 여러 지역에서 불리고 유행한 민요입니다.

　　민요는 노래를 부르는 상황에 따라 유희요, 노동요, 의식요 등으로 나뉩니다. 유희요는 놀이를 하면서 부르는 민요로 「강강술래」, 「남생아 놀아라」 등이 있습니다. 노동요는 일할 때 흥을 돋우기 위해 부르는 민요로 「모심기 소리」, 「타작 소리」 등이 있습니다. 의식요는 집안에서 제사를 지내거나 마을에서 굿을 할 때 불리는 민요로 「상엿소리」, 「성주풀이」 등이 있습니다.

본문 124쪽

어휘로 만나기

1 (위에서부터)

착시, 잔상, 회전, 인지했다, 겹쳐서

2 ☑ 보건소에서 무료로 건강 **상담**을 실시하고 있다.

3 (위에서부터)

착각, 선회, 알다

4

글에 **겹치는** 내용이 많아서 대폭 수정이 필요하다..	여러 가지 일이 한꺼번에 일어나다.
지난 몇 주 동안 안 좋은 일이 **겹쳐서** 일어났다.	여러 사물이나 내용이 서로 한데 포개어지다.

짧은 글로 만나기

5 포개져

6 ☑ 정지된 화면을 연속으로 빠르게 보여 주면 대상이 움직이는 것처럼 보인다.

7 ☑ 친구는 다행히 나빠진 건강을 빠르게 **회전**했다.

8 (위에서부터)

○, X, ○

긴 글로 만나기

9 (위에서부터)

뇌, 잔상, 겹쳐

10 ④

11 ☑ 세로줄 무늬가 있는 옷을 입으면 실제보다 키가 더 크고 몸이 마른 것처럼 보인다.

12 두 그림이 겹쳐 보이기 때문에

어휘로 만나기

2 주어진 '像(모양 상)'이 쓰인 어휘는 잔상, 초상화, 영상이며, 상담에는 '相(서로 상)'이 쓰입니다.

어휘 풀이

☐ **초상화** (닮을 肖, 모양 像, 그림 畵) : 사람의 얼굴을 중심으로 그린 그림.

☐ **상담** (서로 相, 말씀 談) : 문제를 해결하거나 궁금증을 풀기 위하여 서로 의논함.

☐ **영상** (비출 暎, 모양 像) : 빛의 굴절이나 반사 등에 의하여 이루어진 물체의 상.

3 어휘 풀이

☐ **선회** : 둘레를 빙글빙글 돎.

☐ **착각** : 어떤 사물이나 사실을 실제와 다르게 지각하거나 생각함.

☐ **알다** : 어떤 사실이나 존재, 상태에 대해 의식이나 감각으로 깨닫거나 느끼다.

4 글의 내용이 서로 중첩된다는 뜻이므로 '겹치다'가 아래 칸의 뜻으로 쓰였고, 안 좋은 일이 한꺼번에 일어났다는 뜻이므로 '겹치다'가 위 칸의 뜻으로 쓰였습니다.

짧은 글로 만나기

5 조금 전에 본 것과 그다음에 본 것이 겹쳐 보인다는 내용이므로, '놓인 것 위에 또 놓인 상태로 되다'라는 뜻의 '포개지다'와 바꾸어 쓸 수 있습니다.

어휘 풀이

☐ **구겨지다** : 구김살이 잡히다.

☐ **퍼지다** : 끝 쪽으로 가면서 점점 굵거나 넓적하게 벌어지다.

☐ **접히다** : 천이나 종이 따위가 꺾여 겹쳐지다.

☐ **굴절되다** : 휘어져서 꺾이다.

6 애니메이션은 정지된 화면을 연속으로 빠르게 보여 주어 대상이 움직이는 것처럼 보이게 합니다.

오답 풀이

✘ 우리가 어떤 것을 눈으로 보면, 조금 전에 본 것을 뇌가 기억하고 있어서 그다음에 본 것과 겹쳐 보이는 것을 잔상 효과라고 합니다.

✘ 착시는 시각적인 착각 현상을 말합니다.

7 '친구는 다행히 나빠진 건강을 빠르게 회복했다'라고 써야 맞는 표현입니다. 회복은 '아프거나 약해졌던 몸을 다시 예전의 상태로 돌이킴'이란 뜻입니다.

8 윌리엄 조지 호너는 조이트로프를 만든 사람입니다. 찰스 에밀 레이노가 최초의 애니메이션을 상영했습니다.

긴 글로 만나기

9 이 글은 애니메이션이 움직이는 것처럼 보이는 원리를 설명한 대화문입니다. 눈으로 물체를 보면 뇌가 물체를 인지하고, 그 물체가 사라져도 물체의 잔상이 뇌에 잠시 남아 있습니다. 이 상태에서 다른 물체를 보면 두 물체가 서로 겹쳐 보이는 현상이 잔상 효과입니다.

10 뇌에 방금 인지한 물체의 상이 잠시 남아 있다는 내용을 글에서 찾을 수 있지만, 시간이 많이 흐른 뒤에도 잔상이 없어지지 않는다는 내용은 찾을 수 없습니다.

11 세로줄 무늬가 있는 옷을 입으면 실제보다 키가 더 크고 몸이 마른 것처럼 보이는 것은 착시 현상에 해당합니다.

[배경지식 넓히기] **착시**

사물의 크기, 형태, 색 등의 실제 모습은 우리가 보는 것과 다를 수 있습니다. 우리가 눈으로 보는 것은 사물의 모습이 눈의 망막에 맺히고, 그 맺힌 모습을 뇌가 인식한 것이기 때문입니다. 사물의 실제 모습과 우리가 눈으로 본 것이 서로 일치하지 않는 현상을 '착시 현상'이라고 합니다.

일상생활 속에서 착시 현상을 찾을 수 있습니다. 세로줄 무늬 옷은 눈을 위아래로 움직이게 하므로, 실제보다 키가 더 크고 몸이 마른 것처럼 보이는 착시 현상을 일으킵니다. 반대로 가로줄 무늬 옷은 눈을 좌우로 움직이게 하므로 실제 키보다 더 작고, 몸이 더 넓어 보이는 착시 현상을 일으킵니다.

---

12 애니메이션이 움직이는 까닭은 조금 전에 본 것을 뇌가 기억하고 상이 잠시 남아 있어서, 다음에 보는 것과 겹쳐 보이기 때문입니다. 그래서 여러 장의 그림이 겹쳐 보여 자연스럽게 움직이는 것처럼 보입니다.

[배경지식 넓히기] **최초의 애니메이션**

프랑스의 찰스 에밀 레이노는 조이트로프를 발전시킨 기계인 프락시노스코프를 1876년에 만들어 몇 년 뒤 사람들 앞에서 상영했습니다. 이것을 최초의 애니메이션으로 규정하고 있습니다. 이는 최초의 영화보다 몇 년이나 앞선 것입니다. 다만 찰스 에밀 레이노가 기술적으로는 애니메이션의 원리를 실현시키는 데 성공했지만, 줄거리나 캐릭터의 연기 등이 제대로 담긴 현재의 애니메이션으로 제작한 것은 아니었습니다.

↑ 조이트로프

본문 130쪽

어휘로 만나기

1 (위에서부터)

안전, 급증, 번졌다, 보도, 유의

2 ☑ 여드름은 짜지 말고 깨끗하게 **세안**을 하는 것이 좋다.

3 (위에서부터)

소식, 증가, 유념

4

짧은 글로 만나기

5 안전

6 ☑ 안전사고의 뜻과 안전사고 대처 방법

7 ☑ 이 **보도**를 따라 10분간 걸으면 목적지에 도착한다.

8 ☑ 가족이 주말에 외식을 한 일

긴 글로 만나기

9 1,332, 1,745, 33

10 ②

11 ☑ 안전사고를 예방하는 것도 중요하지만 침착하게 사고에 대처하는 것도 중요해.

12 ☑ 2020년에 등산 안전사고가 급증한 까닭은 무엇인가요?

2 주어진 '安(편안할 안)'이 쓰인 어휘는 안전, 안정, 안부이며, 세안에는 '顔(얼굴 안)'이 쓰입니다.

어휘 풀이

▢ **세안** (씻을 洗, 얼굴 顔) : 얼굴을 씻음.

▢ **안정** (편안할 安, 정할 定) : 바뀌어 달라지지 아니하고 일정한 상태를 유지함.

▢ **안부** (편안할 安, 아닐 否) : 어떤 사람이 편안하게 잘 지내고 있는지 그렇지 아니한지에 대한 소식.

3 어휘 풀이

▢ **증가** : 양이나 수치가 늚.

▢ **유념** : 잊거나 소홀히 하지 않도록 마음속에 깊이 간직하여 생각함.

▢ **소식** : 멀리 떨어져 있는 사람의 사정을 알리는 말이나 글.

4 소문이 교실에 급속히 퍼졌다는 뜻이므로 '번지다'가 위 칸의 뜻으로 쓰였고, 눈병이 옮았다는 뜻이므로 '번지다'가 아래 칸의 뜻으로 쓰였습니다.

5 안전 수칙을 지키지 않아 일어나는 사고인 안전사고에 대한 설명이므로, 위험이 생기거나 사고가 날 염려가 없다는 뜻을 가진 '안전'이 가장 알맞습니다.

어휘 풀이

▢ **교통** : 자동차, 기차, 배 따위를 이용하여 사람이 오고 가거나, 짐을 실어 나르는 일.

▢ **산악** : 높고 험준하게 솟은 산들.

▢ **상해** : 남의 몸에 상처를 내어 해를 끼침.

▢ **상처** : 몸을 다쳐서 부상을 입은 자리.

6 이 글은 안전사고의 뜻과 안전사고의 대처 방법을 설명한 글입니다.

7 '보도'가 '보행자의 통행에 사용하도록 된 도로'라는 뜻으로 쓰였습니다.

8 '예외성'은 일상에서 반복되지 않는 사건인지를 보는 뉴스 보도의 기준입니다. 따라서 가족이 주말에 외식을 한 일은 일상에서 흔히 일어날 수 있는 일이므로 예외성에 적합하지 않습니다.

긴 글로 만나기

9 이 글에 따르면 산악 구조 활동 건수는 2018년에는 1,332건, 2019년에는 1,312건입니다. 2020년은 1,745건으로 전년도보다 33퍼센트 증가했습니다.

10 이 글에 따르면 등산할 때는 정해진 등산로로만 다녀야 합니다. 따라서 최대한 다양한 등산로를 경험하는 것이 좋다는 설명은 틀린 설명입니다.

11 본문에서는 등산 안전사고의 예방법에 관해 설명하고 있고, <보기>는 등산 안전사고의 대처법을 설명하고 있습니다. 따라서 안전사고를 예방하는 것도 중요하지만 안전사고에 대처하는 것도 중요하다는 짐작이 알맞습니다.

오답 풀이

✘ 등산 안전사고 중 뱀에 물리는 사고가 가장 많다는 내용은 본문과 <보기>에 모두 없습니다.

✘ 벌이 아닌 뱀에 물렸을 때 물린 부위를 심장 아래로 해야 한다고 <보기>에서 설명하고 있습니다.

12 2020년에 등산 안전사고가 급증한 까닭은 코로나19로 인해 비교적 거리 두기가 쉬운 산에서 활동하는 인구가 늘어났기 때문이라고 말하고 있습니다.

본문 136쪽

어휘로 만나기

1 (위에서부터)

균형, 상한, 방지, 볶은, 열대

2 ☑ 그릇에 작은 **균열**이 생겨서 물이 새어 나왔다.

3 (위에서부터)

평형, 예방, 썩다

4

프라이팬에 기름을 두르고 김치를 **볶았다.**	사람을 귀찮을 정도로 재촉하며 괴롭히다.
형은 청소하라고 나를 들들 **볶았다.**	음식을 불 위에 놓고 이리저리 저으면서 익히다.

짧은 글로 만나기

5 ☑ 고고학자들은 유물의 **균형**이 손상되지 않도록 조심히 다뤘다.

6 영양소, 무기질, 비타민

7 ☑ 우유는 실온에 두면 **상할** 수 있으니 냉장고에 넣어 두는 게 안전하다.

8 (위에서부터)

○, X, X

긴 글로 만나기

9 ☑ 전날 남은 음식 재료가 상하는 것을 방지할 수 있었기 때문이다.

10 ☑ 큰술-공기-쪽

11 ☑ 어머니는 약재를 눈 깜짝할 사이에 달여야 보약이 된다고 말씀하셨다.

12 일 년 내내 기온이 높고 강수량이 많아

2 주어진 '熱(더울 열)'이 쓰인 어휘는 열대, 과열, 열정이며, 균열에는 '裂(찢을 열)'이 쓰입니다.

어휘 풀이

□ **균열** (터질 龜, 찢을 裂) : 사이가 갈라져 틈이 생김. 또는 그런 틈.

□ **과열** (지날 過, 더울 熱) : 지나치게 활기를 띰.

□ **열정** (더울 熱, 뜻 情) : 어떤 일에 열렬한 애정을 가지고 열중하는 마음.

3 어휘 풀이

□ **썩다** : 음식물이나 자연물이 세균에 의해 분해되어 상하거나 나쁘게 변하다.

□ **평형** : 사물이 한쪽으로 기울지 않고 안정해 있음.

□ **예방** : 병이나 사고 등이 생기지 않도록 미리 대처하여 막음.

4 김치를 담은 프라이팬을 불 위에 놓고 이리저리 저으며 익히다는 뜻이므로 '볶다'가 아래 칸의 뜻으로 쓰였고, 형이 귀찮을 정도로 재촉하며 괴롭히다는 뜻이므로 '볶다'가 위 칸의 뜻으로 쓰였습니다.

5 '고고학자들은 유물의 원형이 손상되지 않도록 조심히 다뤘다'라고 써야 맞는 표현입니다. 원형은 '원래의 모양'이라는 뜻입니다.

6 영양소는 우리 몸을 구성하고 에너지를 공급하는 역할을 하는 물질로, 우리 몸에 꼭 필요한 여섯 가지 영양소는 탄수화물, 단백질, 지방, 무기질, 비타민, 물입니다.

7 우유가 실온에서 상할 수 있다는 뜻이므로 '상하다'가 ㉠과 같은 뜻으로 쓰였습니다.

오답 풀이

✘ 마음이 상했다는 뜻이므로, '상하다'가 '근심, 슬픔, 노여움 따위로 마음이 언짢아지다'라는 뜻으로 쓰였습니다.

✘ 어깨가 상했다는 뜻이므로, '상하다'가 '몸을 다쳐 상처를 입다'라는 뜻으로 쓰였습니다.

8 소금에 절인 음식을 먹는 지역은 열대 기후 지역입니다. 건조 기후 지역에서는 오아시스 부근에서 재배한 보리, 밀, 대추야자 등을 먹습니다. 우리나라는 사계절이 뚜렷한 온대 기후입니다.

긴 글로 만나기

9 이 글에서 인도네시아는 열대 기후로 일 년 내내 기온이 높고, 냉장 시설이 발달하지 않은 옛날에는 음식이 쉽게 상할 수 있었다고 설명하고 있습니다. 그래서 이를 방지하기 위해 전날 먹고 남은 음식 재료에 밥을 볶아 먹었다고 말하고 있습니다.

10 물건의 수량을 세는 단위는 다양합니다. '큰술'은 음식물을 숟가락에 담아 그 분량을 세는 단위이고, '공기'는 밥을 담은 그릇의 양을 세는 단위입니다. 그리고 '쪽'은 마늘을 세는 단위입니다.

11 '눈 깜짝할 사이'는 매우 짧은 순간을 뜻합니다. 약을 짓는 데 쓰는 재료인 약재는 오랫동안 정성을 다해 달여야 몸의 기운을 높여 주고 건강하도록 도와주는 보약이 되므로 '눈 깜짝할 사이에'라는 관용어가 어울리지 않습니다.

12 1문단에서 인도네시아는 열대 기후 지역으로 일 년 내내 기온이 높고 강수량이 높다고 설명하고 있습니다.

본문 142쪽

어휘로 만나기

1 (위에서부터)

천연, 유지, 기르신다, 보존, 기름지다

2 보관

3 (위에서부터)

≒, ≒, ↔

4 (1) ㉠ (2) ㉡ (3) ㉢

짧은 글로 만나기

5 ☑ 얼마 전 시청 앞에 설치된 **천연** 폭포의 공사
가 끝났다.

6 ☑ 화학 농약을 이용해 해충을 없애는 과수원

7 통신, 효율

8 (위에서부터)

○, ○, X

긴 글로 만나기

9 ④

10 ③

11 ☑ 그린 음악 농법은 흙을 기름지게 해 주어 식물
의 성장을 더욱 빠르게 한다.

12 천연 농약과 천적 농법

어휘로 만나기

2 주어진 '保(지킬 보)'가 쓰인 어휘는 보관이며, 보답
과 제보에는 '報(갚을 보)'가 쓰입니다.

어휘 풀이

□ **보관** (지킬 保, 관리할 管) : 물건을 맡아서 간직하고
관리함.

□ **보답** (갚을 報, 대답할 答) : 남의 호의나 은혜를 갚음.

□ **제보** (끌 提, 갚을 報) : 정보를 제공함.

□ **보호** (지킬 保, 보호할 護) : 위험이나 곤란 따위가 미
치지 아니하도록 잘 보살펴 돌봄.

3 어휘 풀이

□ **자연** : 사람의 힘이 더해지지 아니하고 세상에 스스
로 존재하거나 우주에 저절로 이루어지는 모든 존
재나 상태.

□ **지속** : 어떤 상태가 오래 계속됨. 또는 어떤 상태를
오래 계속함.

□ **척박하다** : 땅이 기름지지 못하고 몹시 메마르다.

4 (1) 식물을 베란다에서 보살펴 자라게 한다는 뜻이
므로 '기르다'가 ㉠의 뜻으로 쓰였습니다. (2) 아침
에 일찍 일어나는 습관을 익게 한다는 뜻이므로 '기
르다'가 ㉡의 뜻으로 쓰였습니다. (3) 제자를 가르쳐
키웠다는 뜻이므로 '기르다'가 ㉢의 뜻으로 쓰였습니
다.

짧은 글로 만나기

5 '얼마 전 시청 앞에 설치된 인공 폭포의 공사가 끝났
다'라고 써야 맞는 표현입니다. 인공은 '자연적인 것
이 아니라 사람의 힘으로 만들어 낸 것'이라는 뜻입
니다.

6 1문단에서 기존에는 식량을 많이 생산하기 위해 화
학 비료, 화학 농약, 항생제 등을 사용해 농사를 지
었고, 환경과 건강의 문제로 인해 친환경 농업이 발
달했다고 말하고 있습니다. 따라서 해충을 화학 농
약을 이용해 없애는 과수원은 친환경 농업에 해당
하지 않습니다.

7 스마트팜은 농업에 통신 기술을 결합해 농작물이나
가축을 자동으로 관리하는 농장입니다. 스마트폰으
로 관리할 수 있기 때문에 언제 어디서든 효율적으
로 농장을 관리할 수 있습니다.

8 스마트팜은 스마트폰이나 컴퓨터로 효율적으로 농장을 관리할 수 있기 때문에 생산비와 노동력을 줄일 수 있습니다.

긴 글로 만나기

9 지렁이 농법은 지렁이의 배설물을 이용해 흙을 기름지게 만드는 농법이라는 내용을 4문단에서 찾을 수 있습니다.

10 습관은 '어떤 행위를 오랫동안 되풀이하는 과정에서 저절로 익혀진 행동 방식'이라는 뜻으로 '습관이 되어버린 성질'이라는 뜻의 습성과 비슷한 말이지만 이 글에서는 바꾸어 쓰면 의미가 어색합니다. 이 글에서 습성은 '동일한 동물종 내에서 공통되는 생활 양식이나 행동 양식'이라는 뜻으로 쓰였기 때문입니다. 또한 '오랫동안 자꾸 반복하여 몸에 익어 버린 행동'이라는 뜻인 버릇은 습관과 비슷한 말이지만 이 글에서 습성과 바꾸어 쓰기에 적절하지 않습니다.

11 <보기>에 따르면 '그린 음악 농법'은 식물에게 음악을 들려주어 식물이 양분을 더 잘 흡수하게 하고, 병충해에 강해지게 합니다. 흙을 기름지게 하는 것은 본문에 나오는 '지렁이 농법'입니다.

[배경지식 넓히기] **그린 음악 농법**

동물과 곤충을 이용한 친환경 농법 외에도 음악을 이용한 '그린 음악 농법'이 있습니다. 그린 음악 농법은 식물에게 음악을 들려주어 해충의 번식을 막는 친환경 농법입니다.

식물에게 음악을 들려주면 식물의 신진대사가 활발해져 양분을 더욱 잘 흡수하게 되고, 병충해에 강해진다고 합니다. 특히 번식력이 강하고 농작물에 큰 피해를 입히는 진딧물에게서 가장 큰 효과가 나타납니다. 진딧물에게 음악을 들려주면 진딧물의 몸 색깔이 변하면서, 생식률이 떨어지게 되어 진딧물의 수가 눈에 띄게 줄어든다고 합니다.

12 글쓴이의 주말농장에서는 계란과 식용유로 만든 천연 농약과 무당벌레를 이용한 천적 농법으로 친환경 농사를 짓습니다.

[배경지식 넓히기] **친환경 인증 표시**

제품 포장지에 유기농, 무농약 등 친환경 인증 표시가 붙은 것이 있습니다. 이러한 제품의 특징은 무엇일까요?

친환경 인증 표시는 국가 기관이 친환경 농산물, 축산물, 수산물에게 주는 인증 표시입니다. 화학 농약이나 화학 비료 등의 사용을 최소화하거나 사용하지 않고 재배한 농산물, 항생제나 호르몬제 등이 포함되지 않은 사료를 먹여 키우고 생산한 축산물 등에 부여합니다. 친환경 농축산물은 종류와 생산 과정에 따라 유기농, 무농약 등으로 구분합니다. 유기농은 합성 화학 물질을 쓰지 않고 유기물 등을 이용한 친환경 농법으로 재배한 농산물을 말하고, 무농약은 살충제 등 농약을 사용하지 않고 재배한 농산물을 의미합니다.

본문 148쪽

어휘 복습하기

1 착시
2 천연
3 풍습
4 균형
5 강제
6 보도
7 가락
8 억양
9 유지
10 회전
11 떨리는
12 잔상
13 보존
14 ④
15 급증
16 안전
17 방지
18 유의

예	보	도	블	도	로
이	육	시	력	망	골
천	재	풍	습	숙	균
연	사	실	독	제	형
파	구	정	직	강	머
랑	착	시	법	제	사

19 (예시)
우리는 여행 내내 뜨거운 열대 지역의 날씨를 견디기 힘들었다.

20 (예시)
엄마는 김치와 밥, 햄 등을 볶아서 김치볶음밥을 만들어 주셨다.

21 (예시)
지렁이의 배설물은 땅을 기름지게 한다.

실력 더하기

1 ☑ 손이 큰 나는 우리 반이 아닌 친구들과도 두루두루 친하게 지낸다.

2 (1) ○   (2) X   (3) X

1 '발이 넓은 나는 우리 반이 아닌 친구들과도 두루두루 친하게 지낸다'라고 써야 맞는 표현입니다. '발이 넓다'는 사귀어 아는 사람이 많다는 뜻입니다. 용돈을 두둑하게 주시는 삼촌과 놀러오는 친구에게 항상 음식을 푸짐하게 차려 주는 사람에게는 모두 씀씀이가 크다는 뜻의 '손이 크다'라는 관용어가 알맞습니다.

2 (1) 일찍 일어나고 자는 습관을 몸에 익게 한다는 뜻이므로 '습관을 기르다'가 맞습니다.
(2) 광복절에 민족의 영웅을 기억했다는 뜻이므로 '민족의 영웅을 기리다'가 맞습니다.
(3) 식물을 보살펴 자라게 한다는 뜻이므로 '식물을 기르다'가 맞습니다.

✱ 어휘 찾아보기

數 셈 수	액수	돈의 값을 나타내는 **수**	天 하늘 천	천문	우주와 **천체**의 온갖 현상과 법칙성
分 나눌 분	분해	여러 부분으로 이루어진 것을 따로따로 **나눔**	力 힘 력	압력	누르는 **힘**
海 바다 해	항해	배를 타고 **바다** 위를 다님	養 기를 양	양분	**영양**이 되는 성분
近 가까울 근	원근	멀고 **가까움**	視 볼 시	시야	눈으로 **볼** 수 있는 범위
元 근원 원	원소	모든 물질을 구성하는 **기본적** 요소	比 비교할 비	비율	기준이 되는 수나 양에 대한 어떤 값의 **비**
身 몸 신	헌신	**몸**과 마음을 바쳐 있는 힘을 다함	風 풍속 풍	풍습	**풍속**과 습관을 아울러 이르는 말
正 바를 정	개정	주로 문서의 내용 따위를 고쳐 **바르게** 함	像 모양 상	잔상	눈에 보이던 사물이 없어진 뒤에도 잠시 보이는 **모습**
氣 공기 기	기후	기온, 비, 눈, 바람 등의 **공기** 상태	安 편안할 안	안전	위험이 생기거나 사고가 날 **염려가 없음**
手 손 수	입수	**손**에 들어옴. 또는 손에 넣음	熱 더울 열	열대	적도에 가까우며 **덥고** 비가 많이 오는 지역
公 공평할 공	공정	**공평하고** 올바름	保 지킬 보	보존	중요한 것을 잘 **보호하여** 그대로 남김

✱ **스스로** 점검하기

- 글은 빠르게 읽는 것보다 내용을 정확하게 이해하는 것이 더 중요합니다.
  글 전체를 자세히 읽는 데 걸린 시간을 비교해 보면 내가 어려워하는 단원과 글의 종류를 알 수 있어요.
- 배운 어휘를 잘 이해했는지 스스로 점검해 보세요.

1단원 **국어**

■ 긴 글 읽은 시간

01. 운수 좋은 날	(	)분
02. 일회용품 사용을 줄이자	(	)분
03. 빌렘 바렌츠의 북극 항로 개척기	(	)분
04. 라파엘로의 아테네 학당	(	)분
05. 인류를 사랑한 과학자, 마리 퀴리	(	)분

■ 어휘 복습하기 평가표

맞힌 개수: 25문제 중　　개

20개 이상	어휘를 완전하게 학습했군요!
13~19개	어휘의 뜻을 한 번 더 살펴보아요.
12개 이하	공부한 내용을 복습해 보아요.

2단원 **사회·도덕**

■ 긴 글 읽은 시간

06. 링컨의 게티즈버그 연설	(	)분
07. 청소년도 선거를 할 수 있을까?	(	)분
08. 날씨와 경제는 어떤 관계가 있을까?	(	)분
09. 허생전	(	)분
10. 세상을 바꾸는 공정 무역	(	)분

■ 어휘 복습하기 평가표

맞힌 개수: 21문제 중　　개

17개 이상	어휘를 완전하게 학습했군요!
10~16개	어휘의 뜻을 한 번 더 살펴보아요.
9개 이하	공부한 내용을 복습해 보아요.

3단원 **과학·수학**

■ 긴 글 읽은 시간

11. 조선 시대 천체 관측 기구, 혼천의	(	)분
12. 탄산음료 캔 바닥이 오목한 까닭	(	)분
13. 미모사는 왜 부끄러워할까?	(	)분
14. 우주를 보는 눈, 망원경	(	)분
15. 피라미드의 높이를 어떻게 쟀을까?	(	)분

■ 어휘 복습하기 평가표

맞힌 개수: 25문제 중　　개

20개 이상	어휘를 완전하게 학습했군요!
13~19개	어휘의 뜻을 한 번 더 살펴보아요.
12개 이하	공부한 내용을 복습해 보아요.

4단원 **예체능·실과**

■ 긴 글 읽은 시간

16. 우리 민족의 노래, 아리랑	(	)분
17. 애니메이션의 과학	(	)분
18. 가을철 등산 안전사고 주의해야	(	)분
19. 한 그릇 음식, 뚝딱!	(	)분
20. 우리 집 주말농장을 소개합니다	(	)분

■ 어휘 복습하기 평가표

맞힌 개수: 21문제 중　　개

17개 이상	어휘를 완전하게 학습했군요!
10~16개	어휘의 뜻을 한 번 더 살펴보아요.
9개 이하	공부한 내용을 복습해 보아요.